エコアンダリヤで編む

毎日のバッグと帽子

32 items

CONTENTS

1
編込みの
ショルダーバッグ
Photo p.4　How to make p.42

9
フラワーモチーフの
バッグ
Photo p.13　How to make p.38

2
山形ボーダーの
トートバッグ
Photo p.6　How to make p.44

10
フラワーモチーフの
バッグ
Photo p.13　How to make p.38

3
山形ボーダーの
トートバッグ
Photo p.7　How to make p.44

11
フラワーモチーフの
バッグ
Photo p.13　How to make p.38

4
バイカラーの
マルシェバッグ・L
Photo p.8　How to make p.46

12
ダイヤ柄のマルシェバッグ
Photo p.14　How to make p.56

5
バイカラーの
マルシェバッグ・S
Photo p.9　How to make p.48

13
バケットハット
Photo p.14　How to make p.58

6
メタルハンドルの
リーフ柄トートバッグ
Photo p.10　How to make p.50

14
2WAYハンドルの
ラウンドバッグ
Photo p.16　How to make p.60

7
つばの広いクローシュ
Photo p.11　How to make p.52

15
2WAYハンドルの
ラウンドバッグ
Photo p.17　How to make p.60

8
レイヤーブリムハット
Photo p.12　How to make p.54

16
スカラップトートバッグ
Photo p.18　How to make p.62

17
レース模様の
ぺたんこトートバッグ
Photo p.19　How to make p.41

25
リーフ模様のトートバッグ
Photo p.26　How to make p.72

18
丸ハンドルの
ワンマイルバッグ
Photo p.20　How to make p.64

26
リボンハンドルのバッグ
Photo p.28　How to make p.74

19
ヘリンボーン柄の
ぺたんこトートバッグ
Photo p.21　How to make p.66

27
ボタニカルモチーフの
ハンドバッグ
Photo p.29　How to make p.76

20
レイヤーブリムハット
Photo p.22　How to make p.54

28
つばの広いクローシュ
Photo p.30　How to make p.52

21
半円形の
ショルダーバッグ
Photo p.22　How to make p.68

29
デルタモチーフの
マルシェバッグ
Photo p.30　How to make p.80

22
半円形の
ショルダーバッグ
Photo p.23　How to make p.68

30
デルタモチーフの
がま口バッグ
Photo p.31　How to make p.79

23
ハート模様の
スマホショルダーバッグ
Photo p.24　How to make p.70

31
2WAYハンドルの
ウェーブ柄バッグ
Photo p.32　How to make p.82

24
ミックスカラーの
モチーフショルダーバッグ
Photo p.25　How to make p.78

32
2WAYハンドルの
ウェーブ柄バッグ
Photo p.33　How to make p.82

MATERIALS
p.34

TIPS
p.35

POINT LESSON
p.36

かぎ針編みの基礎
p.84

1

編込みのショルダーバッグ

ブラック×ブロンズの幾何学模様の編込みがモダンなショルダーバッグ。マグネットホックつきのきちんと仕様で、オンにもオフにも使えるすぐれものです。

Designer Little Lion
How to make p.42
Yarn ハマナカ エコアンダリヤ

2.3
山形ボーダーのトートバッグ

定番のボーダーを、山形を描いた変化球なデザインに。底から編み始めた四角いモチーフを、色を替えながら大きくしていくことで形を成していきます。

Designer　松田久美子
How to make p.44
Yarn　ハマナカ エコアンダリヤ

3

4

バイカラーの
マルシェバッグ・L

編むのが楽しい持ち手一体型マルシェ
バッグ。ウェーブを描いた色の切替え
が印象的なデザインには、ベージュに
潔いホワイトを合わせて、涼しげに。

Designer　金子祥子
How to make p.46
Yarn ハマナカ エコアンダリヤ

5

バイカラーの
マルシェバッグ・S

Lサイズより4模様減らしたミニマルシェバッグは、ベージュ×ブラックをセレクトして大人っぽく。3玉で編めるので、週末のプロジェクトにぴったりです。

Designer 金子祥子
How to make p.48
Yarn ハマナカ エコアンダリヤ

6

メタルハンドルの
リーフ柄トートバッグ

太陽に向かって生い茂るような3つのリーフ柄が目を引くバッグ。金属製の持ち手を編みつけることで、ナチュラルながらもどこか洗練された仕上りに。

Designer　marshell
How to make　p.50
Yarn　ハマナカ エコアンダリヤ

7

つばの広いクローシュ

エコアンダリヤの半分の太さの、エコアンダリヤ《クロッシェ》で編んだ繊細なクローシュ。だれにでも似合う美しいシルエットを追求しました。

Designer　金子祥子
How to make p.52
Yarn　ハマナカエコアンダリヤ《クロッシェ》

8

レイヤーブリムハット

深い角度のブリムで顔にかかる日ざしをしっかり遮るハット。ブリムが後ろで分かれているので、1つ結びの髪でもスマートにかぶれます。

Designer marshell
How to make p.54
Yarn ハマナカ エコアンダリヤ

9.10.11
フラワーモチーフのバッグ

モチーフを12枚を編んでつないだバッグは、色違いでいくつも編みたくなります。色の替え方とモチーフのつなぎ方をプロセス写真で解説しています。

Designer 今村曜子
How to make p.38
Yarn ハマナカ エコアンダリヤ

12

ダイヤ柄のマルシェバッグ

引上げ編みの交差で存在感たっぷりのダイヤ柄を描きました。模様は複雑ですが、長編みがベースなので、意外と早く編み進められます。

Designer 橋本真由子
How to make p.56
Yarn ハマナカ エコアンダリヤ

13

バケットハット

深めのシルエットがかっこいいバケットハット。編み上げたあとにサイドにあえてくしゅくしゅとシワを寄せることで、こなれ感をプラスしています。

Designer ナガイマサミ
How to make p.58
Yarn ハマナカ エコアンダリヤ

14

14.15

**2WAYハンドルの
ラウンドバッグ**

ころんとしたシルエットが魅力のネット
バッグは、持ち手がショルダータイプと
ハンドルタイプの2WAY仕様。ピンクと
ナチュラル、どちらがお好み?

Designer しずく堂
How to make p.60
Yarn ハマナカ エコアンダリヤ

15

16

スカラップトートバッグ

四角っぽいきちんとシルエットとスカラップの甘辛ミックスがかわいいトートバッグ。コーディネートの差し色になるカラーをセレクトしました。

Designer 青木恵理子
How to make p.62
Yarn ハマナカ エコアンダリヤ

17

レース模様の
ぺたんこトートバッグ

ピュアなホワイトのレース模様がロマンティックなトートバッグ。チェック柄のすきまから、お気に入りのお菓子の箱やハンカチをのぞかせて。

Designer 川路ゆみこ
Maker 穴瀬圭子
How to make p.41
Yarn ハマナカ エコアンダリヤ

18

丸ハンドルの
ワンマイルバッグ

3玉＋ハンドルですぐ編めるワンマイルバッグ。ジグザグの透し模様は、難しいテクニックは使っていないので、ビギナーさんにもおすすめです。

Designer 今村曜子
How to make p.64
Yarn ハマナカ エコアンダリヤ

19

ヘリンボーン柄の
ぺたんこトートバッグ

前々段に細編みを編み入れることで手織りみたいな模様が表われる、編むのも楽しいトート。シルバーの光沢が、柄の凹凸をいっそうきれいに見せてくれます。

Designer　Little Lion
How to make　p.66
Yarn　ハマナカ エコアンダリヤ

20
レイヤーブリムハット

p.12 8の色違い。サンドベージュに黒いリボンでエレガントに仕上げました。

Designer　marshell
How to make　p.54
Yarn　ハマナカ エコアンダリヤ

22

21.22

半円形のショルダーバッグ

きちんとしたお出かけにも連れて行きたいショルダーバッグ。パーツどうしを組み立てる前にスチームで形を整えることが、美しく仕上げるための近道です。

Designer　ナガイマサミ
How to make　p.68
Yarn　ハマナカ エコアンダリヤ

23

ハート模様の
スマホショルダーバッグ

スマホとリップなど、最低限のものだけを持ってお出かけしたいときのバッグは、がま口でしっかり閉まるのもポイント大。ちょっとした外出がぐっと身軽になります。

Designer Knitting.RayRay
How to make p.70
Yarn ハマナカ エコアンダリヤ

24

ミックスカラーの
モチーフショルダーバッグ

ミントグリーンからベージュにかけての
ミックス糸で編めば、色替えをしなくて
も簡単にカラフルに。着こなしに春らし
いニュアンスをプラスします。

Designer　Ami
How to make p.78
Yarn　ハマナカ エコアンダリヤ
　　　《ミックスカラー》

25

リーフ模様のトートバッグ

側面をぐるりと囲んだリーフ模様が上品なトートバッグ。A4サイズのファイルが収納可能で、持ち手が肩からかけられるので、使い勝手も抜群です。

Designer ナガイマサミ
How to make p.72
Yarn ハマナカ エコアンダリヤ

26

リボンハンドルのバッグ

持ち手のリボンがキュートなワンハンドルバッグは、きれいな赤でコーディネートの主役に。厚みのある編み地とレザー底で、しっかりとしたつくりなのも◎。

Designer 城戸珠美
How to make p.74
Yarn ハマナカ エコアンダリヤ

27
ボタニカルモチーフの ハンドバッグ

四隅に配したボタニカルのモチーフがスイートな、お出かけにぴったりのバッグ。側面とまちのパーツを細編みで組み立てて、メタルの持ち手を編みつけています。

Designer ミドリノクマ
How to make p.76
Yarn ハマナカ エコアンダリヤ

28

つばの広いクローシュ

p.11 7の色違い。シックな装いにもぴったりのブラックをセレクトしました。

Designer 金子祥子
How to make p.52
Yarn ハマナカ エコアンダリヤ
《クロッシェ》

29

デルタモチーフのマルシェバッグ

ブラック×ベージュのグラフィカルなモチーフがスタイリッシュ。糸を切らずに編めるので、大きめなマルシェも意外とさくさく編み進みます。

Designer ハマナカ企画
How to make p.80
Yarn ハマナカ エコアンダリヤ

30

デルタモチーフの
がま口バッグ

29のマルシェバッグとおそろいのがま口バッグは、袋状に編んだ側面から続けて、口金に編みつけます。かぎ針だけで仕上げられるのがうれしい仕様です。

Designer　ハマナカ企画
How to make　p.79
Yarn　ハマナカ エコアンダリヤ

31.32

**2WAYハンドルの
ウェーブ柄バッグ**

持ち手が2WAYミニバッグは、近所の
お出かけやランチタイムなど、普段使
いにちょうどいいサイズ。ワンカラーと
マルチボーダーとでがらりと雰囲気が
変わります。

Designer 佐藤文子
How to make p.82
Yarn ハマナカ エコアンダリヤ

31

32

MATERIALS

エコアンダリヤを編むためには、まず必要な材料と用具をそろえることから。
基本の「き」から、より美しい仕上りをサポートするアイテムまで。

用意するもの

● 糸

エコアンダリヤ

木材パルプを原料とした再生繊維で、レーヨン100%。ナチュラルな風合いとさらりとした手触りが特徴です。撚りのない薄いテープ状で色数も豊富。製造上繊維の中に含まれる酸化チタンに、紫外線を吸収・乱反射させる効果があり、UVカット効果にも優れています。使用するときはラベルを外さず、内側から糸を取り出して使います。40g玉巻き。

エコアンダリヤ《ミックスカラー》

エコアンダリヤの段染め（グラデーション）タイプ。太さや素材はエコアンダリヤと同じです。40g玉巻き。

エコアンダリヤ《クロッシェ》

エコアンダリヤの半分の太さの細タイプ。適度な張りとコシを持たせる加工を施しています。より繊細な表現が可能となるため、帽子や小物に向いています。30g玉巻き。

● 用具

かぎ針

2/0号～10/0号まであり、数字が大きくなるほど太くなります。両かぎ針は2種類の太さの針が両端についていて便利。

毛糸とじ針

太くて先端が丸い針。糸始末やパーツのはぎ合せ、チェーンつなぎなどに使用します。

はさみ

よく切れる手芸用のはさみがおすすめ。

あると便利なもの

● 段目リング

決まった目数段数を編んだところでつけておくと目印になり、数えるときに便利です。

● スプレーのり（H204-614）

スチームアイロンで形を整えたあとスプレーのりをかけると、形状を長く保つことができます。

TIPS

整ったきれいな作品を編むために知っておきたいこと。
エコアンダリヤならではのポイントも、知っておくと仕上りに違いが出ます。

エコアンダリヤをきれいに編むには

● 糸の特徴をとらえて編む

テープ状の糸が細くなっていることがあるので、その際は指で広げながら編みます。

テープの広がりをキープしたまま針にかけて引き抜くと、ふっくらした目が編めます。

● 編み地のうねりにはスチーム

編み地がうねってきたら、編み地から2cm程度浮かせてスチームアイロンを当てます。組み立てる構造のバッグなどは、パーツごとにスチームアイロンで形を整えてから、はぎ合わせます。

● ほどいた糸はそのまま使わない

編み間違えてほどいた場合、テープの広がりがつぶれてしまいます。編み直す際は、ほどいた糸に2cm程度浮かせてスチームアイロンを当て、糸を元どおり伸ばしてから使用しましょう。

● 帽子やバッグの仕上げ

1 帽子やバッグの中に新聞紙やタオルを詰めて形を整えます。

2 編み地から2cm程度浮かせて外側からスチームアイロンを当て、乾くまでそのままにします。ブリムは平らに置いて同様にスチームアイロンを当てます。

ゲージについて

ゲージとは編み目の大きさの目安のことをいい、指定した編み地の一定の寸法の中に入っている目数と段数を示します。ゲージを合わせることで、掲載されている作品と同じサイズで編むことができます。ゲージは編む人の手加減によって異なるため、自分のゲージをはかって、それを目安に調整するとよいでしょう。

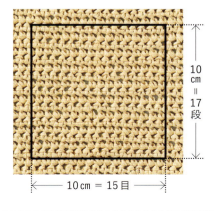

10cm = 17段
10cm = 15目

指定の編み方で編んだ15cm四方程度の編み地を平らに置き、指定の寸法内の目数と段数を数えます。

● 目数段数が指定より多いとき
手加減を少しゆるめにするか、表示よりも1〜2号太い針を使います。

● 目数段数が指定より少ないとき
手加減を少しきつめにするか、表示よりも1〜2号細い針を使います。

POINT LESSON

この本で使用しているテクニックのポイントを写真でご紹介します。
エコアンダリヤ作品でよく使う副資材の使い方も覚えておきましょう。

レザー底の編みつけ方

1　レザー底に針を入れ、糸を引き出します。

2　針に糸をかけて、引き出します。

3　立上りの鎖編み1目が編めました。

4　同じ穴に針を入れて、細編みを編みます。

5　細編み1目が編めたところ。

6　同じ要領で穴に細編みを編み入れます。1つの穴に2目を編み入れる場合があります。

編みつける口金の編みつけ方

※わかりやすいよう、糸の色を変えています。

1　鎖1目で立ち上がり、編み地の向う側に口金を置きます。

2　立上りの鎖目と同じ目に針を入れ、口金をはさんで糸をかけて引き出し、細編みを編みます。

3　細編み1目が編めたところ。

4　同様に細編みで編みくるみます。

5　蝶番の部分は編み地のみ(ここでは4目)を編みます。

6　再び、口金を編みくるんで進みます。

メリヤス細編み

1 前段の細編みの足の右側半目の手前側1本と頭の目2本に針を入れてすくいます。細編みの足は手前側1本しか拾わないので、針は左側から右に向かって入れます。

2 細編みの要領で、針に糸をかけて引き出し、さらに針に糸をかけて引き抜きます。

3 メリヤス細編みが1目編めたところ。前段の細編みの目の間から、細編みの足が出ています。

メリヤス細編みの編込み模様

1 新しい糸をつけて色を替えるところ。未完成の細編みを引き抜くときに、新しい色に替えて編みます。

2 引き抜いたところ。目の頭は地糸（ベージュ）で、針にかかった糸が配色糸（ブルー）になりました。

3 地糸（ベージュ）を編みくるみながら、配色糸（ブルー）で編みます。

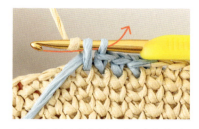

4 再び色を替えるところ。未完成の細編みを引き抜くときに、これまで編んでいた配色糸（ブルー）を地糸（ベージュ）の手前において交差させ、引き抜きます。

5 引き抜いたところ。目の頭は配色糸（ブルー）で、針にかかった糸が地糸（ベージュ）になりました。

6 同様に、配色糸（ブルー）を編みくるみながら、地糸（ベージュ）で編みます。

チェーンつなぎ　※わかりやすいよう、糸の色を変えています。

1 編終りの糸を15cm程度残してカットし、糸端をとじ針に通します。編始めの目の頭の鎖をすくいます。

2 編終りの目の鎖の中に針を入れ、裏側に出します。

3 糸を引いて鎖目を作ります。糸は裏側で始末します。

9.10.11 Photo p.13
フラワーモチーフのバッグ

[糸] ハマナカ エコアンダリヤ（40g玉巻き）
9 ライトブラウン(15)80g、ディープグリーン(158)45g、オフホワイト(168)30g、ライムイエロー(19)25g
10 ブラック(30)80g、ブロンズ(172)35g、ベージュ(23)50g
11 オフホワイト(168)80g、ディープグリーン(158)45g、サンドベージュ(169)30g、ミントグリーン(902)25g
[針] 6/0号かぎ針
[ゲージ] モチーフ 11×11cm
[サイズ] 入れ口幅30cm 深さ17cm

[編み方]
糸は1本どりで、指定の配色で編みます。
モチーフは鎖の作り目をして輪にし、6段編みます。同じモチーフを12枚編みます。配置図のように巻きかがりでつなぎます。持ち手内側を細編みで往復に2か所編みます。持ち手を細編みで輪に5段編みます。

モチーフ 12枚

段数	9	10	11
6	ライトブラウン	ブラック	オフホワイト
5	オフホワイト	ベージュ	サンドベージュ
4	ディープグリーン	ブロンズ	ディープグリーン
3	ライトブラウン	ブラック	オフホワイト
2	ライムイエロー	ベージュ	ミントグリーン
1	ライトブラウン	ブラック	オフホワイト

= 細編み3目編み入れる
= 糸をつける
= 糸を切る

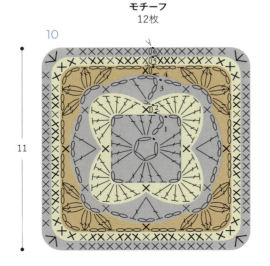

モチーフ 12枚

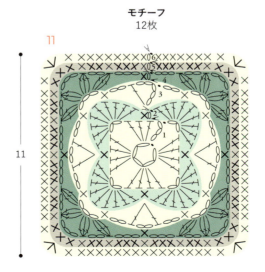

モチーフ 12枚

モチーフのつなぎ方
外表に合わせ番号順に外側半目を巻きかがり

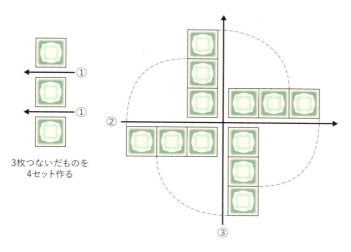

3枚つないだものを
4セット作る

色の替え方

1 色を替える前段の段の終りの引抜き編みの手前まで編んだところ。編終りは、1目めの頭に針を入れます。

2 次の段を編む糸(オフホワイト)を針にかけて、引き抜きます。

3 引き抜いたところ。針にかかった糸がオフホワイトになります。このように、色を替える段の変り目では前段の最後の工程から新しい色で編みます。

モチーフのつなぎ方(半目の巻きかがり)   ※わかりやすいよう、糸の色を変えています。

1 モチーフの表側を上にして突き合わせ、手前側の端の目の外側1本をすくいます。

2 編み目の頭の外側半目1本ずつをすくって、かがります。

3 1針ずつ引き締めます。内側の1本が残ります。

39

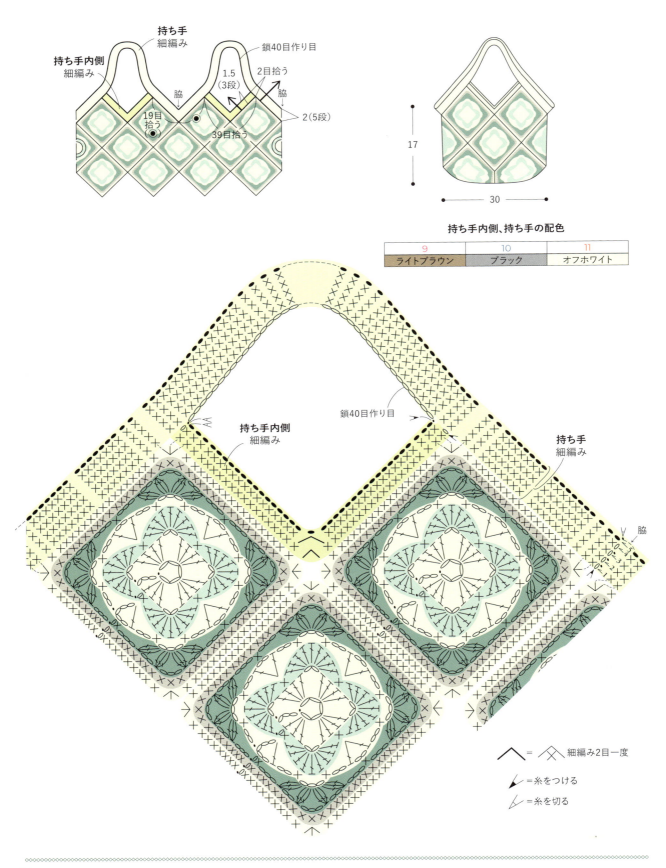

17 Photo p.19

レース模様のぺたんこトートバッグ

［糸］ハマナカ エコアンダリヤ（40g玉巻き）
　　　白（1）122g
［針］6/0号かぎ針
［ゲージ］模様編み　6山が9.5cm、7段が10cm
［サイズ］幅27cm　深さ32cm
［編み方］
糸は1本どりで編みます。
底は鎖51目を作り目し、細編みで輪に編みます。続けて、側面を模様編みで編みます。縁編みを輪で往復に編みます。持ち手を編み、指定の位置にとじつけます。

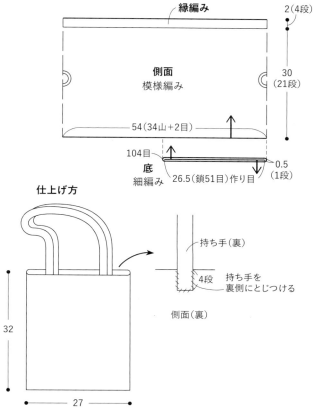

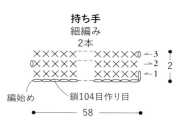

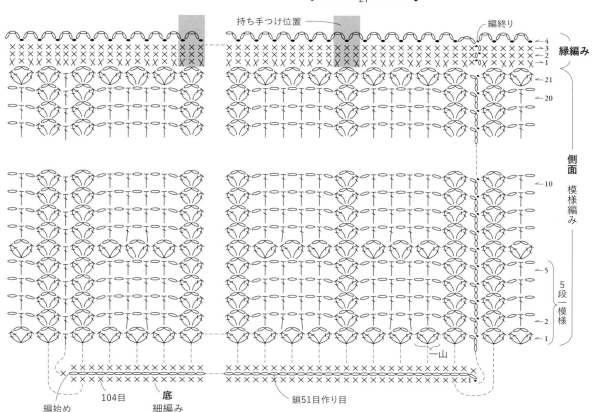

1 Photo p.4

編込みのショルダーバッグ

[糸] ハマナカ エコアンダリヤ(40g玉巻き)
　　ベージュ(23) 142g、黒(30) 22g、ブロンズ
　　(172) 19g
[針] 5/0号かぎ針
[その他] マグネットホック　金(直径1.4cm／H206-043-1) 1組み
[ゲージ] メリヤス細編み　21目21段が10cm四方
[サイズ] 入れ口幅26.5cm　深さ22.5cm

[編み方]
糸は1本どりで、指定の配色で編みます。
底は鎖22目を作り目し、メリヤス細編み(p.37参照)で輪に編みます。側面は鎖112目を作り目し、メリヤス細編みの編込み模様で輪に編みます。底と側面を巻きかがりにします。ショルダーひもを輪に編み、側面にとじつけます。タブを編んでマグネットホックをつけ、側面にとじつけます。

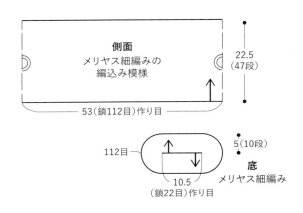

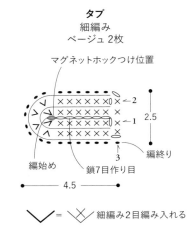

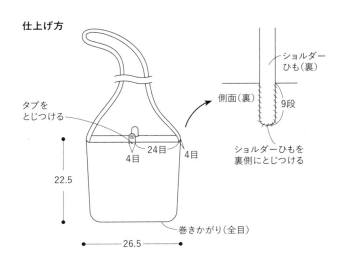

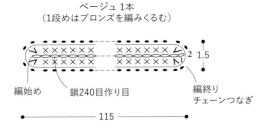

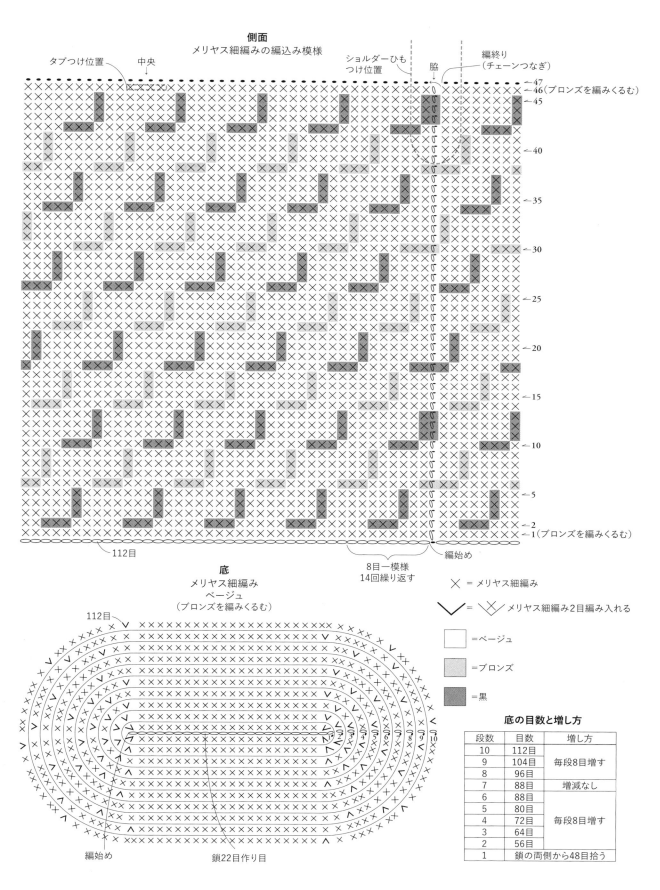

2.3 山形ボーダーのトートバッグ

Photo p.6,7

[糸] ハマナカ エコアンダリヤ（40g玉巻き）
　2 オフホワイト（168）70g、ライムイエロー（19）60g
　3 ベージュ（23）70g、ブロンズ（172）60g
[針] 5/0号かぎ針
[ゲージ] 長編み　19目9段が10cm四方
[サイズ] 入れ口幅32cm　深さ26.5cm
[編み方]
糸は1本どりで、指定の配色で編みます。
側面①は輪の作り目をし、長編みで増しながら輪に編みます。
糸をつけ、側面②を往復に編みます。同様にもう片側も側面②を編みます。糸をつけ、縁編みを輪に編みます。持ち手は鎖80目作り目をして細編みで2枚編み、上下を突き合わせ、両端を残して巻きかがりでとじます。側面にとじつけます。

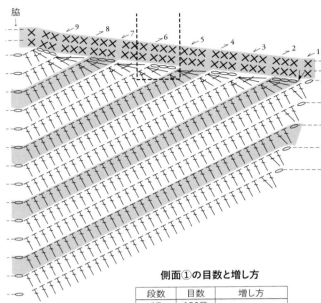

側面①の目数と増し方

段数	目数	増し方
17	156目	毎段4目増す
16	152目	
15	148目	
14	144目	
13	140目	
12	136目	
11	132目	
10	128目	
9	124目	
8	120目	毎段8目増す
7	112目	
6	104目	毎段16目増す
5	88目	
4	72目	
3	56目	
2	40目	
1	24目（図参照）	

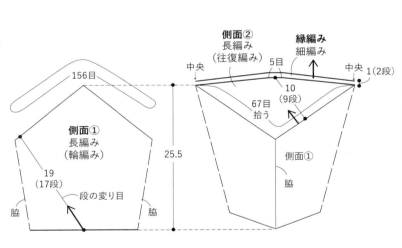

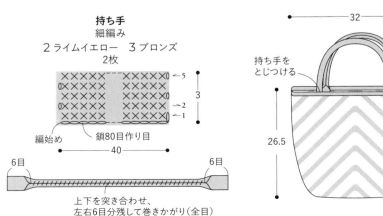

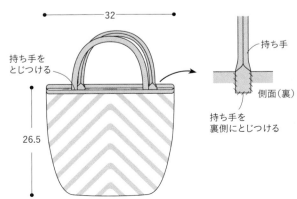

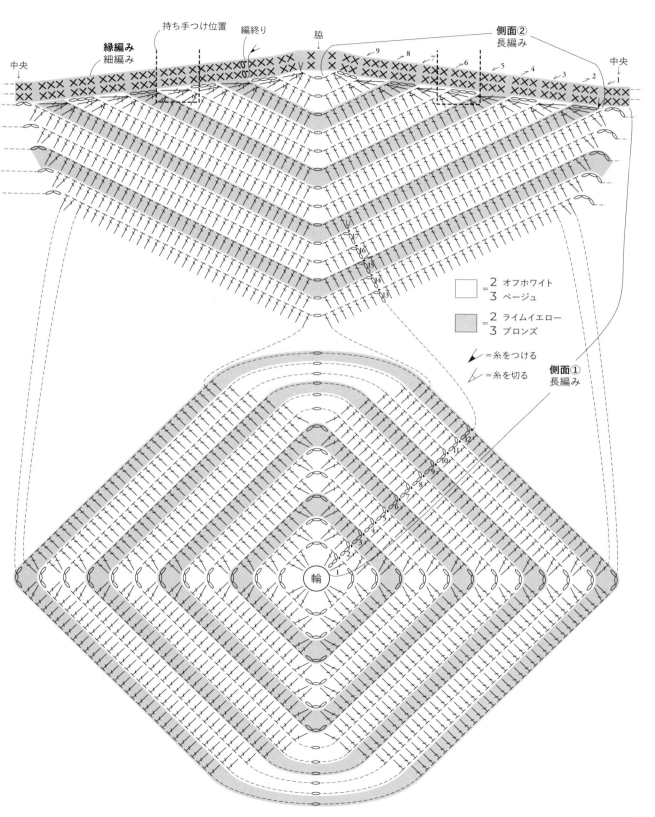

4 Photo p.8

バイカラーのマルシェバッグ・L

[糸] ハマナカ エコアンダリヤ（40g玉巻き）
　　ベージュ（23）146g、白（1）55g
[針] 6/0号かぎ針
[ゲージ] 細編み　23目21段が10cm四方
　　　　模様編み　22.5目12段が10cm四方
[サイズ] 入れ口幅38cm　深さ23cm
[編み方]
糸は1本どりで、指定の配色で編みます。
底は輪の作り目をし、細編みで増しながら編みます。側面は模様編みで編み、持ち手を細編みで編みます。途中で持ち手部分に鎖28目を作り目し、続けて編みます。持ち手内側に糸をつけ、細編みで編みます。

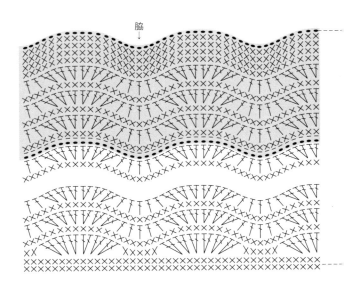

底の目数と増し方

段数	目数	増し方
25〜27	170目	増減なし
24	170目	毎段10目増す
23	160目	
22	150目	
21	140目	
20	130目	
19	120目	増減なし
18	120目	毎段8目増す
17	112目	
16	104目	
15	96目	
14	88目	
13	80目	増減なし
12	80目	毎段8目増す
11	72目	
10	64目	
9	56目	増減なし
8	56目	毎段8目増す
7	48目	
6	40目	
5	32目	増減なし
4	32目	毎段8目増す
3	24目	
2	16目	
1	8目編み入れる	

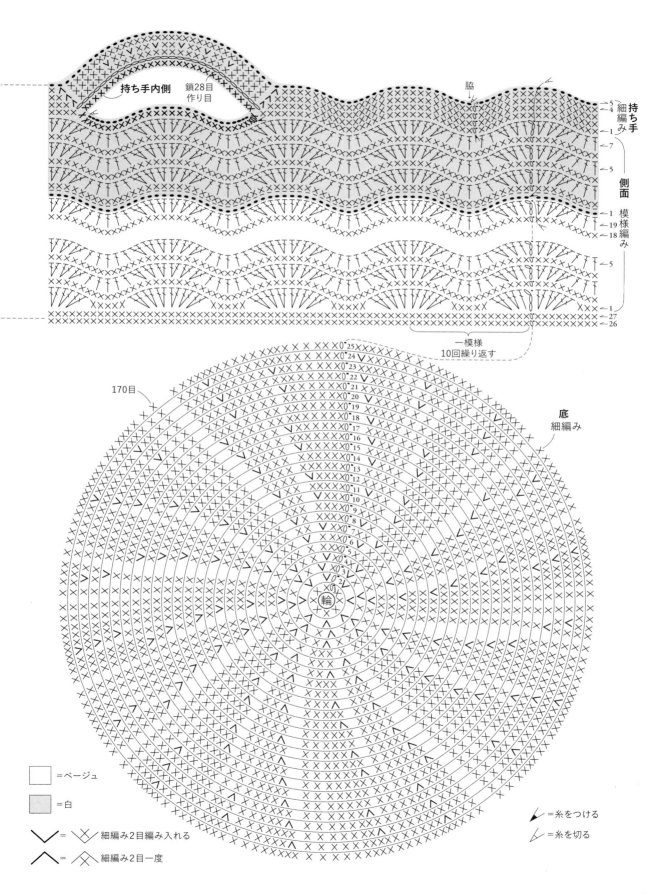

5 Photo p.9

バイカラーのマルシェバッグ・S

[糸] ハマナカ エコアンダリヤ（40g玉巻き）
　　ベージュ（23）70g、黒（30）28g
[針] 6/0号かぎ針
[ゲージ] 細編み　23目21段が10cm四方
　　　　模様編み　22.5目12段が10cm四方
[サイズ] 入れ口幅23cm　深さ16.5cm
[編み方]
糸は1本どりで、指定の配色で編みます。
底は輪の作り目をし、細編みで増しながら編みます。側面は模様編みで編み、持ち手を細編みで編みます。途中で持ち手部分に鎖28目を作り目し、続けて編みます。持ち手内側に糸をつけ、細編みで編みます。

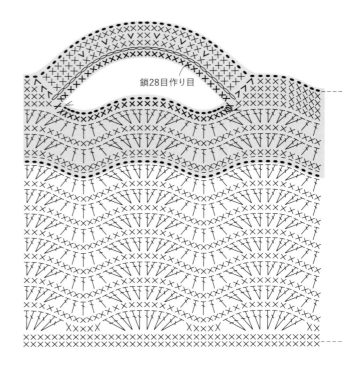

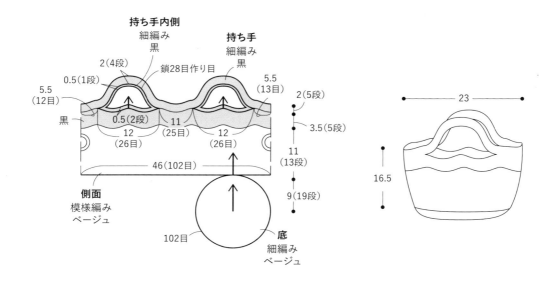

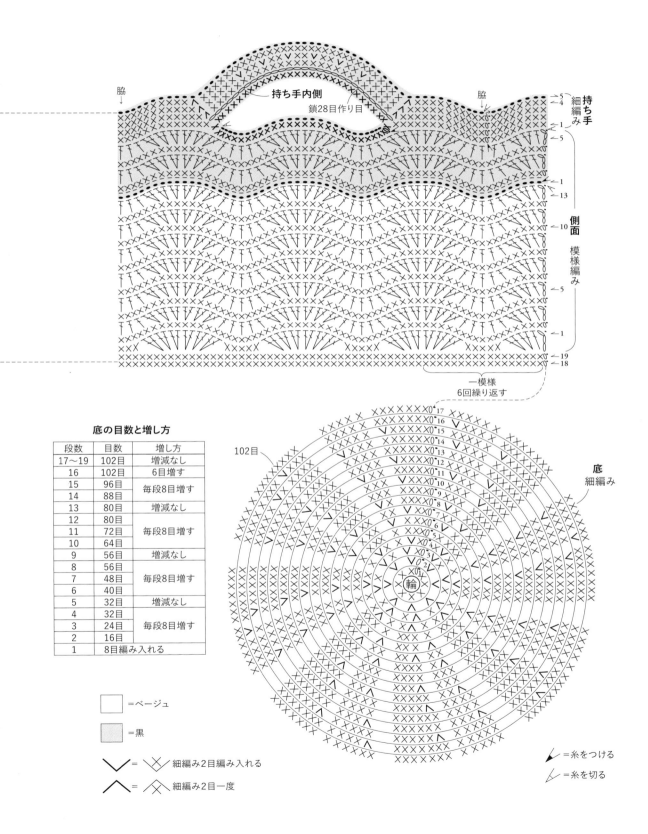

49

6 Photo p.10

メタルハンドルのリーフ柄トートバッグ

［糸］ハマナカ エコアンダリヤ（40g玉巻き）
　　　ベージュ（23）280g
［針］6/0号かぎ針
［その他］編みつける持ち手　アンティーク（H207-024-4）1組み
［ゲージ］細編み　17.5目20段が10cm四方
　　　　　模様編み　17.5目21段が10cm四方
［サイズ］入れ口幅36cm　深さ26cm　まち12cm

［編み方］
糸は1本どりで編みます。
底は鎖53目を作り目し、細編みで増しながら輪で往復に編みます。続けて、側面は模様編みで減らしながら編みます。細編みで持ち手に編みつけます（p.36参照）。

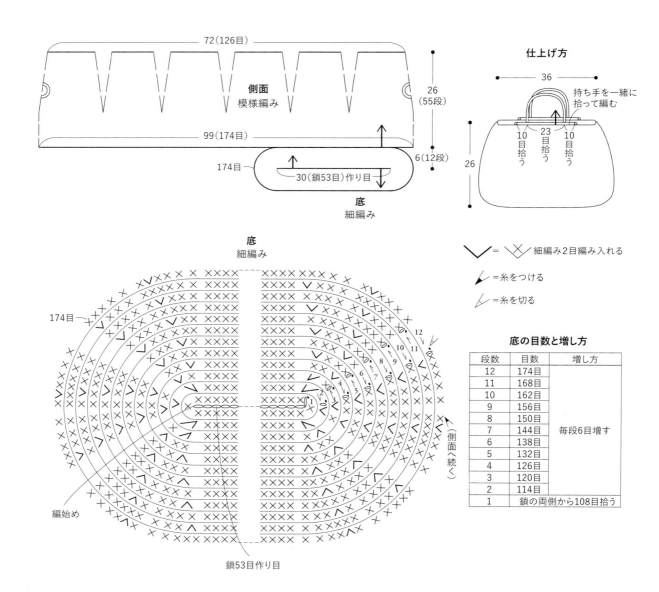

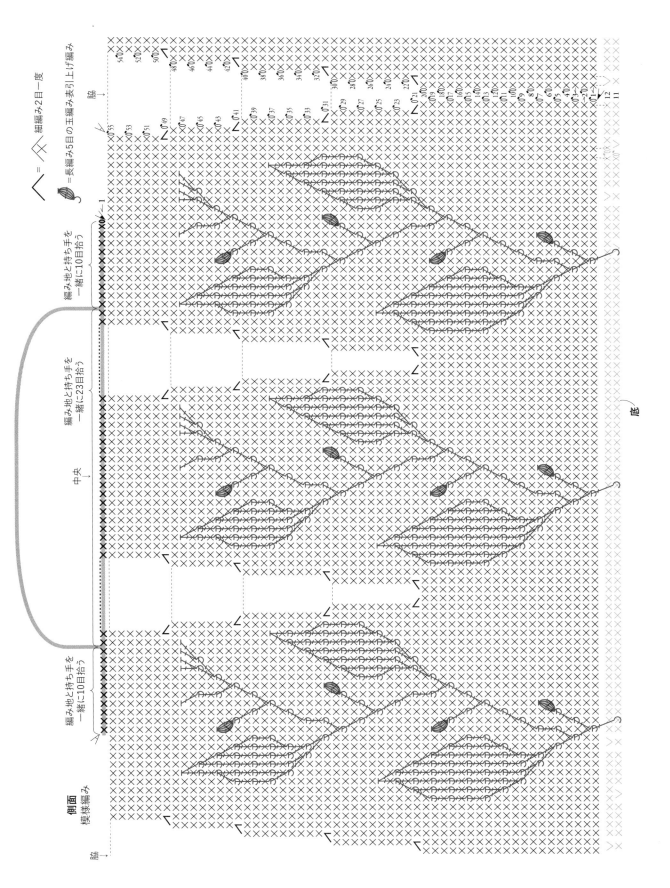

7.28

Photo p.11, 30

つばの広いクローシュ

[糸] ハマナカ エコアンダリヤ《クロッシェ》(30g玉巻き)
　7 ナチュラル (803) 94g
　28 ブラック (807) 94g
[針] 4/0号かぎ針
[ゲージ] 細編み 25目29.5段が10cm四方
[サイズ] 頭回り57.5cm　深さ17cm
[編み方]
糸は1本どりで編みます。
トップは輪の作り目をし、細編みで増しながら編みます。続けて、サイドは増減なし、ブリムは増しながら編みます。ひもを編みます。指定の位置に通し口を編みつけます。通し口にひもを2周通して蝶結びします。

目数と増し方

	段数	目数	増し方
ブリム	26〜28	300目	増減なし
	25	300目	30目増す
	21〜24	270目	増減なし
	20	270目	30目増す
	13〜19	240目	増減なし
	12	240目	30目増す
	5〜11	210目	増減なし
	4	210目	30目増す
	2、3	180目	増減なし
	1	180目	36目増す
サイド	1〜25	144目	増減なし
トップ	25	144目	8目増す
	23、24	136目	増減なし
	22	136目	8目増す
	21	128目	
	20	128目	
	19	120目	毎段8目増す
	18	112目	
	17	104目	増減なし
	16	104目	
	15	96目	毎段8目増す
	14	88目	
	13	80目	増減なし
	12	80目	
	11	72目	毎段8目増す
	10	64目	
	9	56目	増減なし
	8	56目	
	7	48目	毎段8目増す
	6	40目	
	5	32目	増減なし
	4	32目	
	3	24目	毎段8目増す
	2	16目	
	1	8目編み入れる	

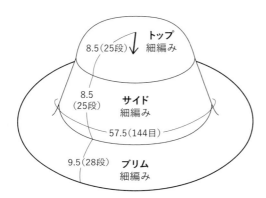

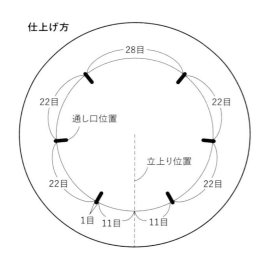

仕上げ方

= 糸をつける
= 糸を切る

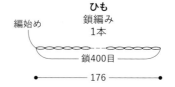

ひも
鎖編み
1本
鎖400目
176

通し口編みつけ位置

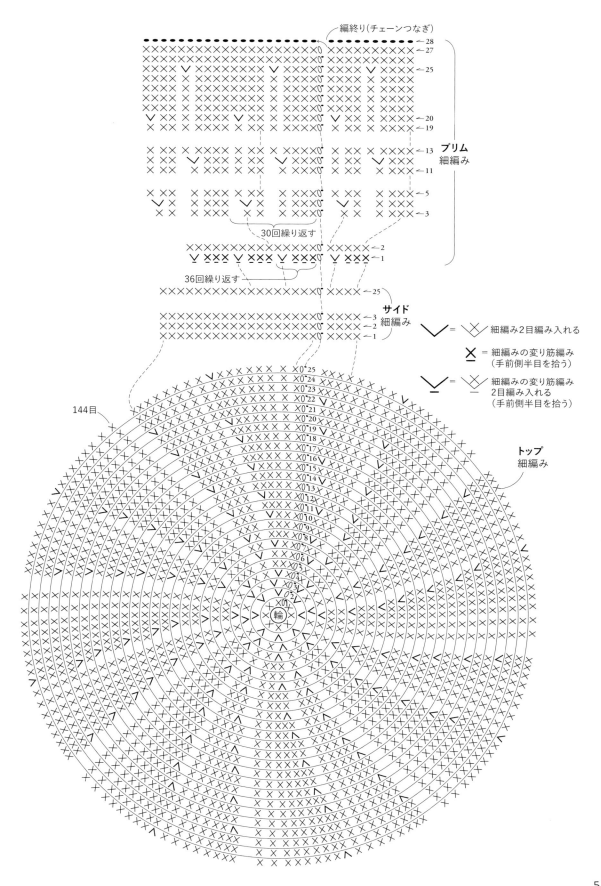

8.20

Photo p.12,22

レイヤーブリムハット

[糸] ハマナカ エコアンダリヤ (40g玉巻き)
　　8 オフホワイト (168) 120g
　　20 サンドベージュ (169) 120g
[針] 5/0号かぎ針
[その他] グログランリボン (3.6cm幅) 95cm
[ゲージ] 細編み (輪編み) 19.5目22.5段が10cm四方
　　　　 細編み (往復編み) 19.5目22段が10cm四方
[サイズ] 頭回り57.5cm 深さ16cm
[編み方]
糸は1本どりで編みます。
トップは輪の作り目をし、細編みで増しながら編みます。サイドは増減なしで編みます。ブリムは指定の位置から拾い目し、増減しながら往復に編みます。糸をつけ、縁編みを編みます。リボンを作り、サイドに縫いとめます。

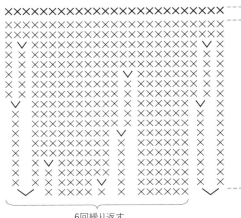

6回繰り返す

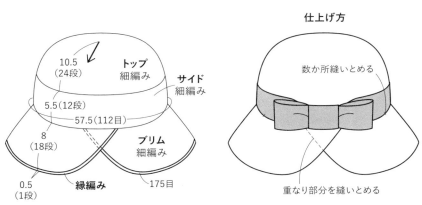

仕上げ方

数か所縫いとめる

重なり部分を縫いとめる

リボンの作り方

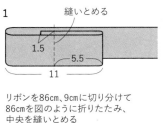

縫いとめる
1.5 5.5
11

リボンを86cm、9cmに切り分けて
86cmを図のように折りたたみ、
中央を縫いとめる

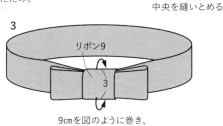

約1
縫いとめる
サイドの頭回りに合わせ
中央を縫いとめる

リボン9
3
9cmを図のように巻き、
裏側を縫いとめる

目数と増し方・減し方

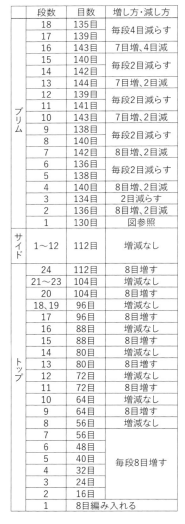

	段数	目数	増し方・減し方
ブリム	18	135目	毎段4目減らす
	17	139目	
	16	143目	7目増、4目減
	15	140目	毎段2目減らす
	14	142目	
	13	144目	7目増、2目減
	12	139目	毎段2目減らす
	11	141目	
	10	143目	7目増、2目減
	9	138目	毎段2目減らす
	8	140目	
	7	142目	8目増、2目減
	6	136目	毎段2目減らす
	5	138目	
	4	140目	8目増、2目減
	3	134目	2目減らす
	2	136目	8目増、2目減
	1	130目	図参照
サイド	1〜12	112目	増減なし
トップ	24	112目	8目増す
	21〜23	104目	増減なし
	20	104目	8目増す
	18、19	96目	増減なし
	17	96目	8目増す
	16	88目	増減なし
	15	88目	8目増す
	14	80目	増減なし
	13	80目	8目増す
	12	72目	増減なし
	11	72目	8目増す
	10	64目	増減なし
	9	64目	8目増す
	8	56目	増減なし
	7	56目	毎段8目増す
	6	48目	
	5	40目	
	4	32目	
	3	24目	
	2	16目	
	1	8目編み入れる	

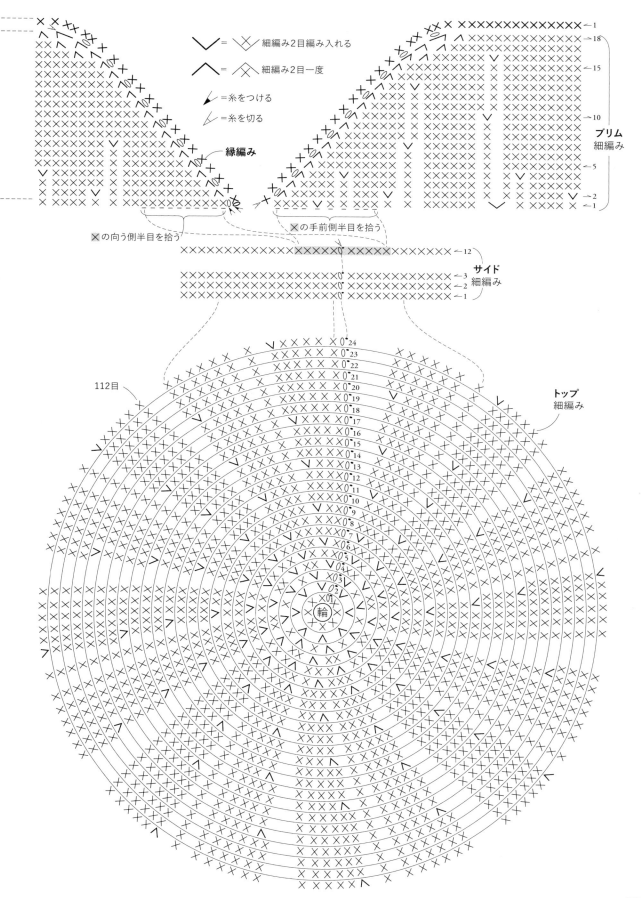

12

Photo p.14

ダイヤ柄のマルシェバッグ

[糸] ハマナカ エコアンダリヤ（40g玉巻き）
　　ベージュ（23）415g
[針] 6/0号かぎ針
[ゲージ] 模様編み　一模様が9cm、10段が10cm
[サイズ] 入れ口幅45cm　深さ28cm
[編み方]
糸は1本どりで編みます。
底は輪の作り目をし、模様編み①で増しながら編みます。続けて、側面を図のように編みます。さらに持ち手を模様編み②で編みます。途中で持ち手部分に鎖70目を作り目し、続けて編みます。

目数と増し方

	段数	目数	増し方
側面	1	160目	図参照 10模様
	14〜16	160目	
	13	180目	
	9〜12	140目	
	8	120目	
	7	100目	
底	6	80目	毎段 16目増す
	5	64目	
	4	48目	増減なし
	3	48目	毎段 16目増す
	2	32目	
	1	16目編み入れる	

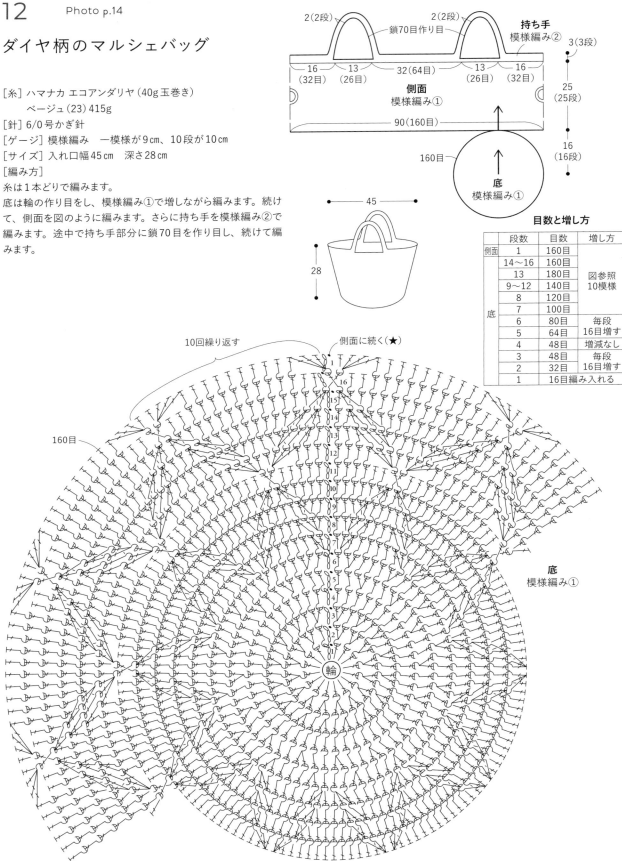

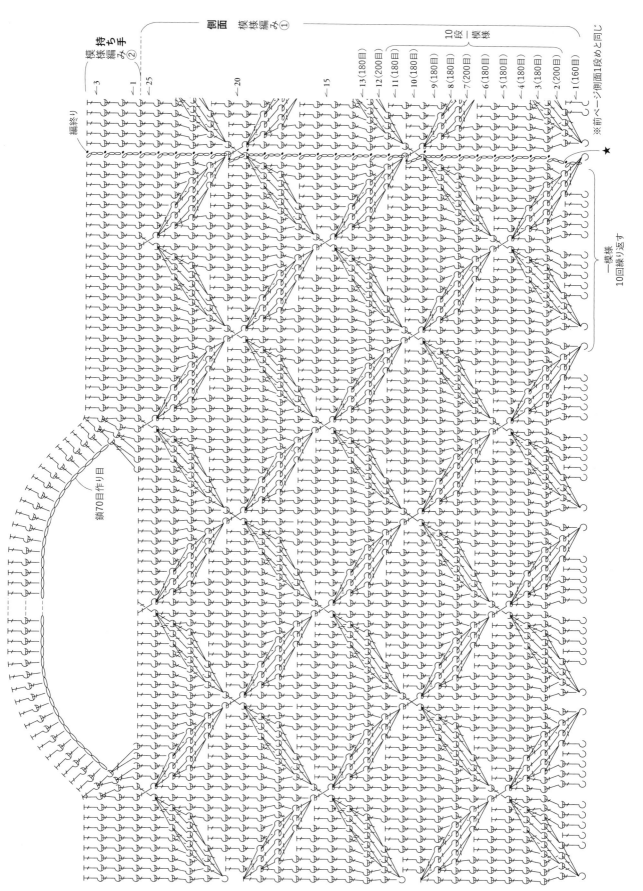

13 Photo p.14

バケットハット

[糸] ハマナカ エコアンダリヤ（40g玉巻き）
　　　ベージュ(23) 120g
[針] 7/0号かぎ針
[ゲージ] 細編み 18目20段が10cm四方
[サイズ] 頭回り60cm　深さ20.5cm

[編み方]
糸は1本どりで編みます。
トップは輪の作り目をし、細編みで増しながら編みます。続けて、サイドとブリムを増しながら編みます。細編みの筋編み部分にステッチをします。ブリムの後ろを折り返し、スチームアイロンで形を整えます。

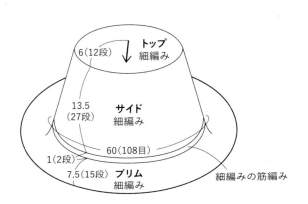

目数と増し方

	段数	目数	増し方
ブリム	15	152目	4目増す
	14	148目	増減なし
	13	148目	4目増す
	12	144目	増減なし
	11	144目	4目増す
	10	140目	増減なし
	9	140目	4目増す
	8	136目	増減なし
	7	136目	8目増す
	6	128目	増減なし
	5	128目	8目増す
	4	120目	増減なし
	3	120目	8目増す
	2	112目	増減なし
	1	112目	4目増す
サイド	1、2	108目	増減なし
	26、27	108目	増減なし
	25	108目	4目増す
	24	104目	増減なし
	23	104目	4目増す
	19〜22	100目	増減なし
	18	100目	4目増す
	17	96目	増減なし
	16	96目	4目増す
	13〜15	92目	増減なし
	12	92目	4目増す
	11	88目	増減なし
	10	88目	4目増す
	8、9	84目	増減なし
	7	84目	4目増す
	5、6	80目	増減なし
	4	80目	4目増す
	2、3	76目	増減なし
	1	76目	4目増す
トップ	12	72目	毎段6目増す
	11	66目	
	10	60目	
	9	54目	
	8	48目	
	7	42目	
	6	36目	
	5	30目	
	4	24目	
	3	18目	
	2	12目	
	1	6目編み入れる	

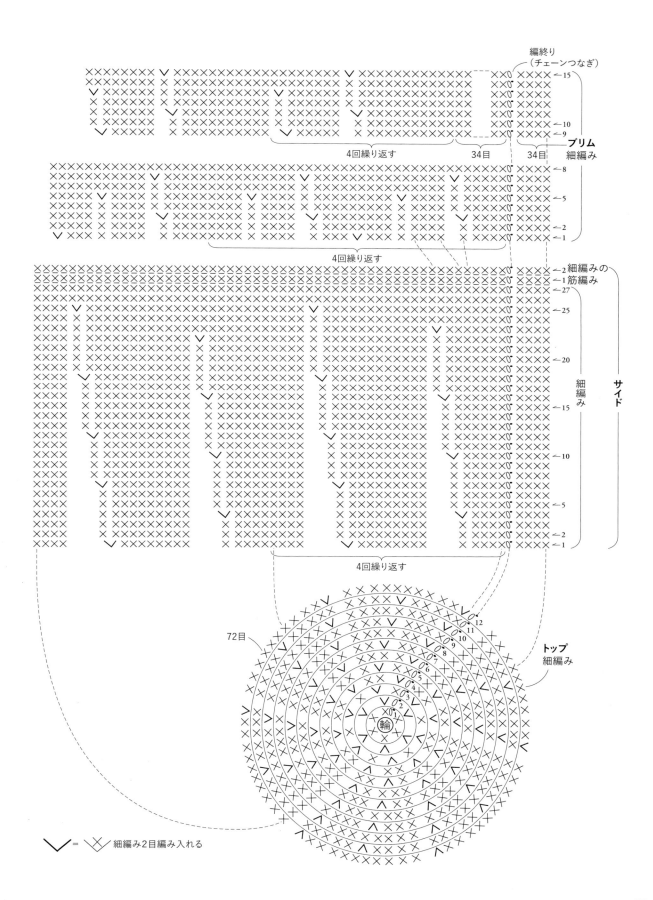

14.15

Photo p.16,17

2WAYハンドルのラウンドバッグ

[糸] ハマナカ エコアンダリヤ（40g玉巻き）
　　 14 ピンク（46）148g
　　 15 ベージュ（23）148g
[針] 5/0号、6/0号かぎ針
[ゲージ] 模様編み　8山が10.5cm　16段が10cm
[サイズ] 底の直径28cm　深さ19cm

[編み方]
糸は1本どりで、指定の針で編みます。
底は5/0号針で輪の作り目をし、長編みと模様編みで増しながら編みます。続けて、側面を模様編みで編みます。6/0号針で持ち手を編み、指定の位置に通して両端をとじつけます。

目数と増し方・減し方

		段数	目数	増し方・減し方
側面		31	40山	図参照
		30	40山	増減なし
		29	40山	8山減らす
		27、28	48山	図参照
		23～26	48山	増減なし
		22	48山	8山減らす
		20、21	56山	図参照
		16～19	56山	増減なし
		15	56山	8山減らす
		13、14	64山	図参照
	模様編み	1～12	64山	増減なし
		16	64山	8山増す
		12～15	56山	増減なし
		11	56山	8山増す
		9、10	48山	増減なし
		8	48山	8山増す
		6、7	40山	増減なし
		5	40山	8山増す
底		3、4	32山	増減なし
		2	32山	8山増す
		1	24山	図参照
	長編み	3	48目	毎段16目増す
		2	32目	
		1	16目編み入れる	

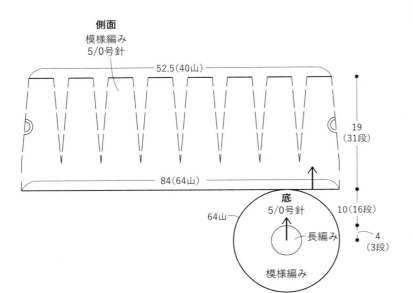

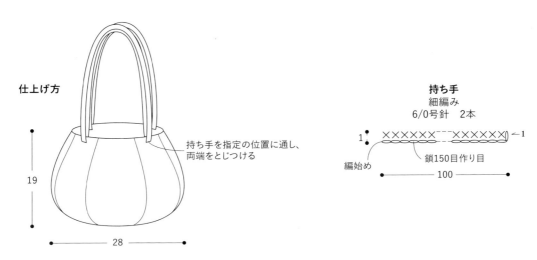

60

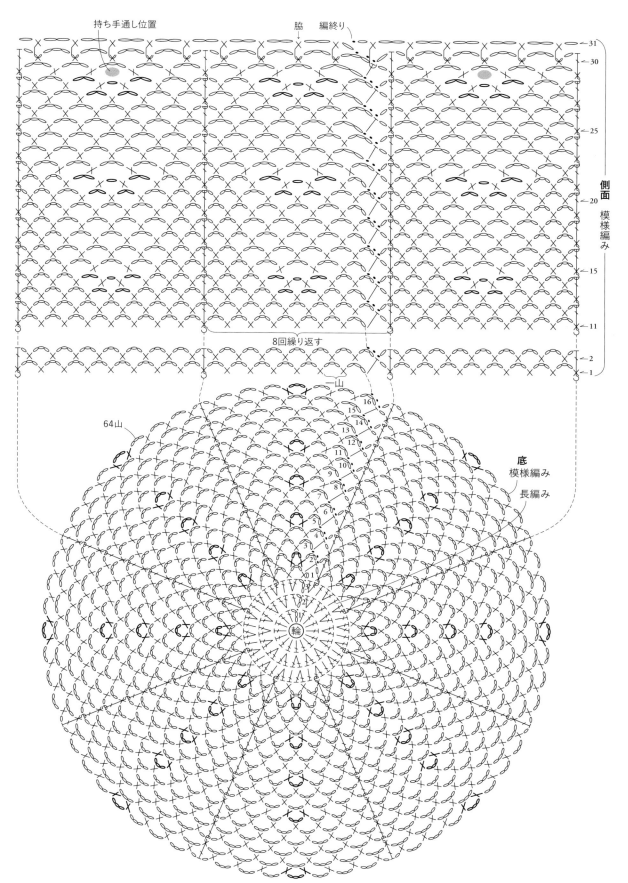

16 Photo p.18

スカラップトートバッグ

[糸] ハマナカ エコアンダリヤ（40g玉巻き）
　　 レトロブルー（66）188g
[針] 6/0号かぎ針
[ゲージ] 細編み　18目20段が10cm四方
[サイズ] 幅21cm　深さ24cm　まち8cm

[編み方]
糸は1本どりで編みます。
底は鎖38目を作り目し、細編みで往復に編みます。糸をつけ、側面は底の周囲から輪に目を拾い、2段めから細編みを輪で往復に編みます。続けて、折返しを模様編みで輪で往復に編みます。持ち手を細編みで4枚編み、2枚ずつを外表に重ねて引き抜きます。持ち手を指定の位置に引き抜きます。入れ口を引抜き編みで1周します。

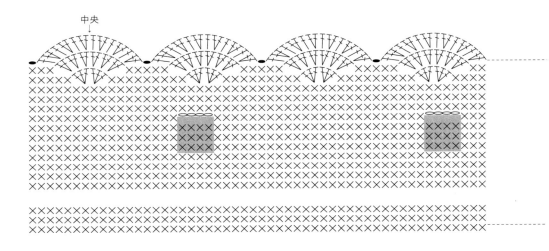

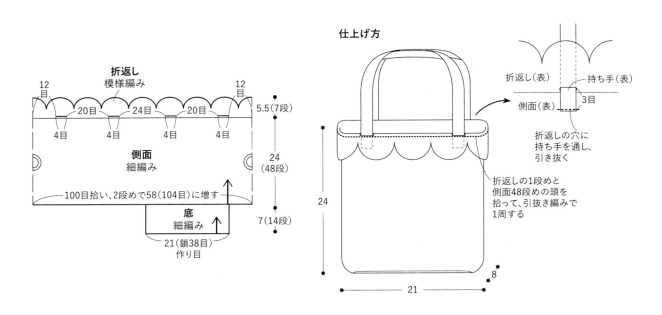

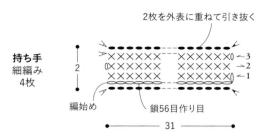

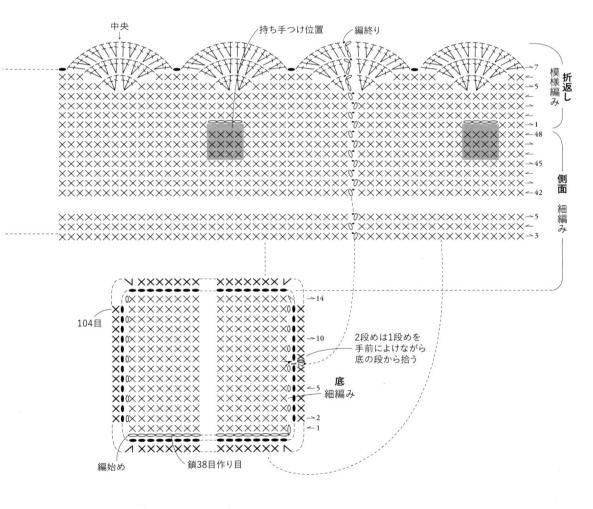

63

18 Photo p.20

丸ハンドルのワンマイルバッグ

[糸] ハマナカ エコアンダリヤ（40g玉巻き）
　　　ベージュ（23）90g
[針] 6/0号かぎ針
[その他] チャームハンドル　黒（H210-011）1組み
[ゲージ] 模様編み　16目18段が10cm四方
[サイズ] 入れ口幅26cm　深さ19.5cm

[編み方]
糸は1本どりで編みます。
底は輪の作り目をし、細編みで増しながら編みます。続けて、側面を模様編みで増減なく編みます。タブを細編みで2枚編み、ハンドルをはさんで巻きかがりで側面につけます。

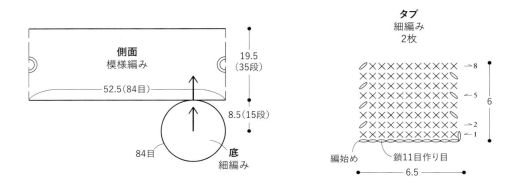

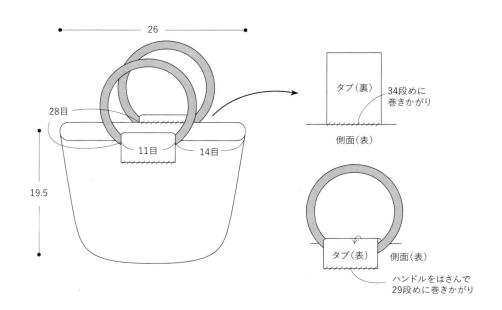

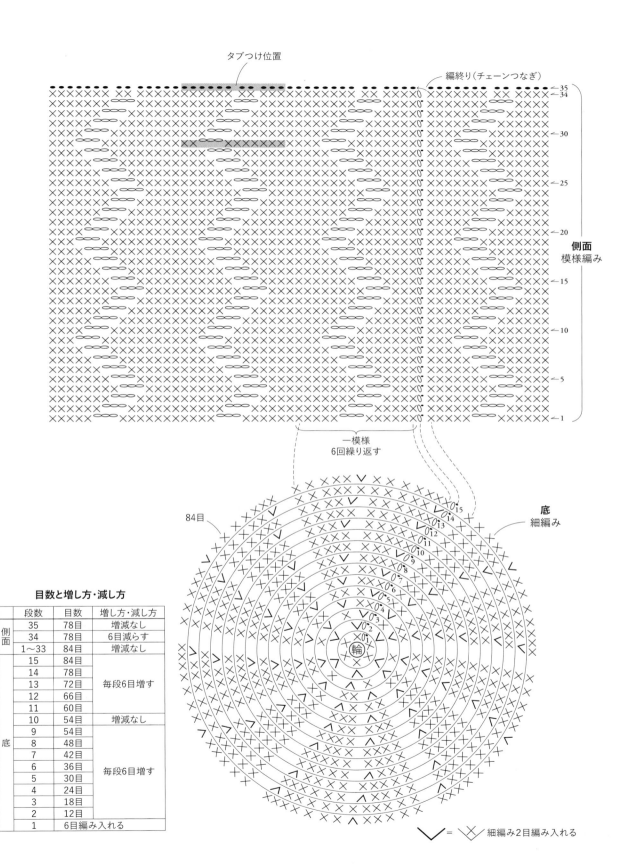

19 Photo p.21

ヘリンボーン柄のぺたんこトートバッグ

［糸］ハマナカ エコアンダリヤ（40g玉巻き）
　　　シルバー（174）234g
［針］5/0号かぎ針
［ゲージ］模様編み　18目19段が10cm四方
［サイズ］幅33.5cm　深さ38cm

［編み方］
糸は1本どりで編みます。
鎖120目を作り目し、模様編みで輪に編みます。底を巻きかがりにします。持ち手を中長編みで2本編み、側面にとじつけます。

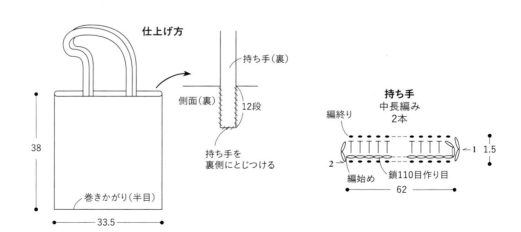

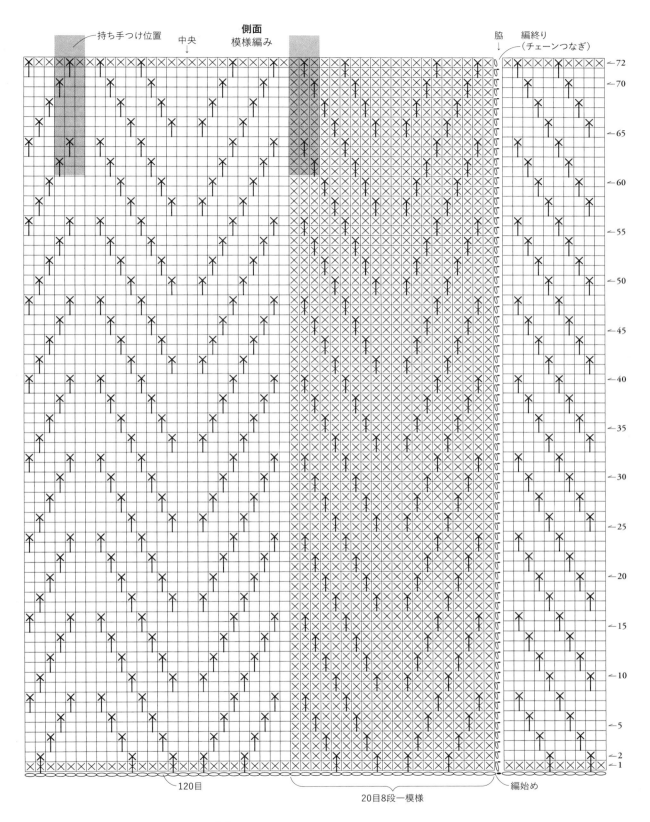

21.22

Photo p.22,23

半円形のショルダーバッグ

[糸] ハマナカ エコアンダリヤ (40g玉巻き)
　　21 ブラック (30) 100g
　　22 ブラウン (15) 100g
[針] 6/0号かぎ針
[その他] ナスカン　2個
[ゲージ] 細編み　20目19段が10cm四方
[サイズ] 幅20cm　深さ17.5cm　まち5cm

[編み方]
糸は1本どりで編みます。
側面は鎖10目を作り目し、細編みで増しながら往復に編みます。続けて、入れ口を細編みで往復に編みます。同じものを2枚編みます。まちは鎖98目を作り目し、細編みで編みます。側面とまちを巻きかがりにします。まちに糸をつけ、入れ口を縁編みで1周します。ショルダーひもは鎖の作り目をし、細編みで編みます。ナスカンにショルダーひもをつけ、ナスカンをまちにつけます。

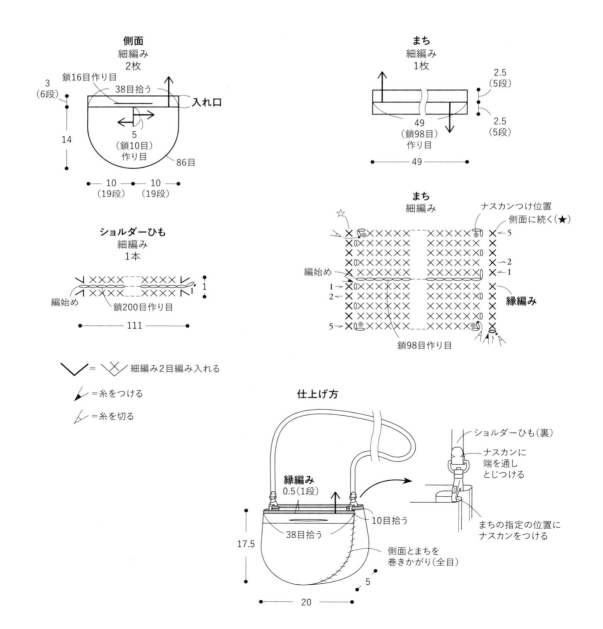

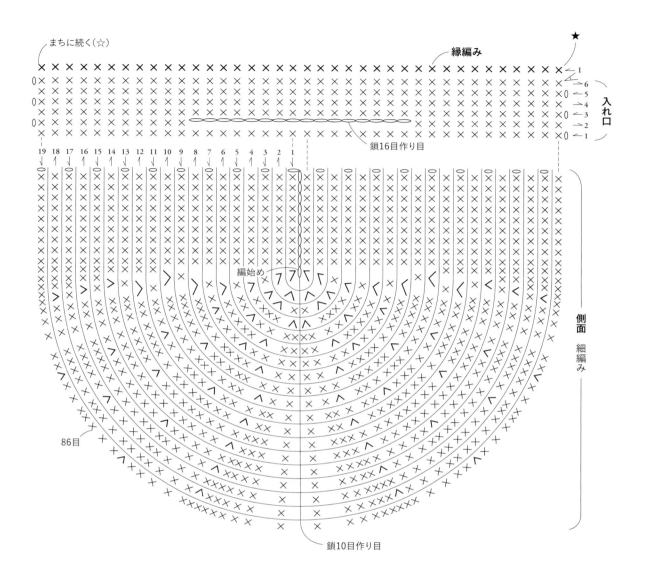

段数	目数	増し方
19	86目	毎段4目増す
18	82目	
17	78目	2目増す
16	76目	毎段4目増す
15	72目	
14	68目	
13	64目	2目増す
12	62目	毎段4目増す
11	58目	
10	54目	
9	50目	2目増す
8	48目	毎段4目増す
7	44目	
6	40目	
5	36目	2目増す
4	34目	毎段4目増す
3	30目	
2	26目	
1	鎖の両側から22目拾う	

目数と増し方

23　Photo p.24

ハート模様のスマホショルダーバッグ

[糸] ハマナカ エコアンダリヤ（40g玉巻き）
　　　ゴールド（170）65g
[針] 5/0号かぎ針
[その他] 編みつける口金　アンティーク（H207-023-4）1個
[ゲージ] 細編み　20目20段が10cm四方
　　　　 模様編み　22.5目10段が10cm四方
[サイズ] 幅12.5cm　深さ18cm
[編み方]
糸は1本どりで編みます。
底は鎖17目を作り目し、細編みで輪に編みます。続けて、側面を模様編みで14段めまで輪に編みます。入れ口は糸をつけて往復に編みます。細編みで口金に編みつけます（p.36参照）。
ひもをえび編みで編みます。ひもを口金につけます。

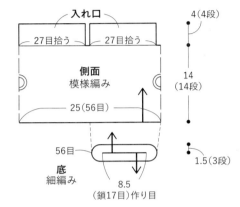

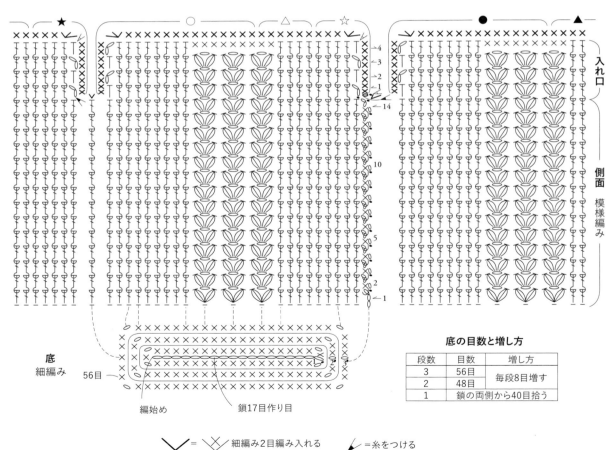

底の目数と増し方

段数	目数	増し方
3	56目	毎段8目増す
2	48目	
1	鎖の両側から40目拾う	

∨ = 細編み2目編み入れる
∨ = 細編み3目編み入れる
= 糸をつける
= 糸を切る

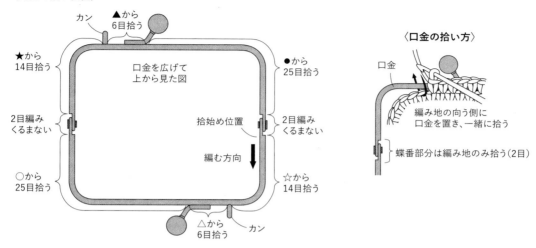

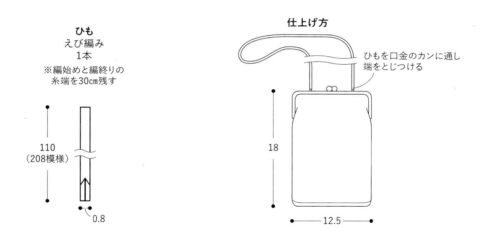

えび編み

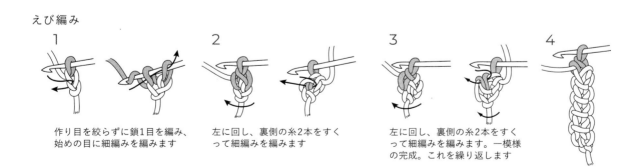

1　作り目を絞らずに鎖1目を編み、始めの目に細編みを編みます

2　左に回し、裏側の糸2本をすくって細編みを編みます

3　左に回し、裏側の糸2本をすくって細編みを編みます。一模様の完成。これを繰り返します

25 Photo p.26

リーフ模様のトートバッグ

[糸] ハマナカ エコアンダリヤ（40g玉巻き）
　　 ベージュ（23）180g
[針] 6/0号かぎ針
[ゲージ] 細編み　19.5目20段が10cm四方
　　　　 模様編み　1模様が7.5cm　8.5段が10cm
[サイズ] 幅29cm　深さ25.5cm　まち7cm
[編み方]
糸は1本どりで編みます。
底は鎖43目を作り目し、細編みで輪に編みます。続けて、側面を模様編み、持ち手を細編みで編みます。途中で持ち手部分に鎖100目を作り目し、続けて編みます。持ち手内側は糸をつけ、細編みで1周します。

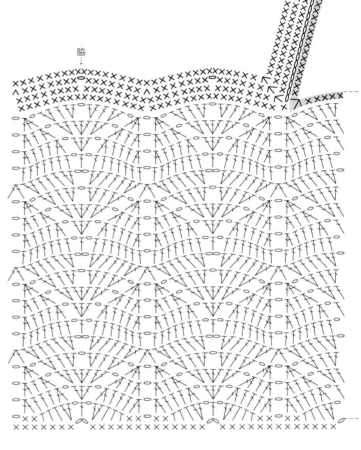

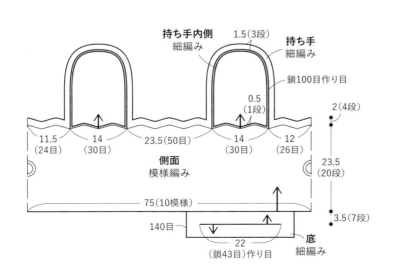

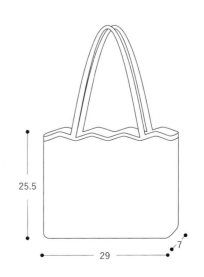

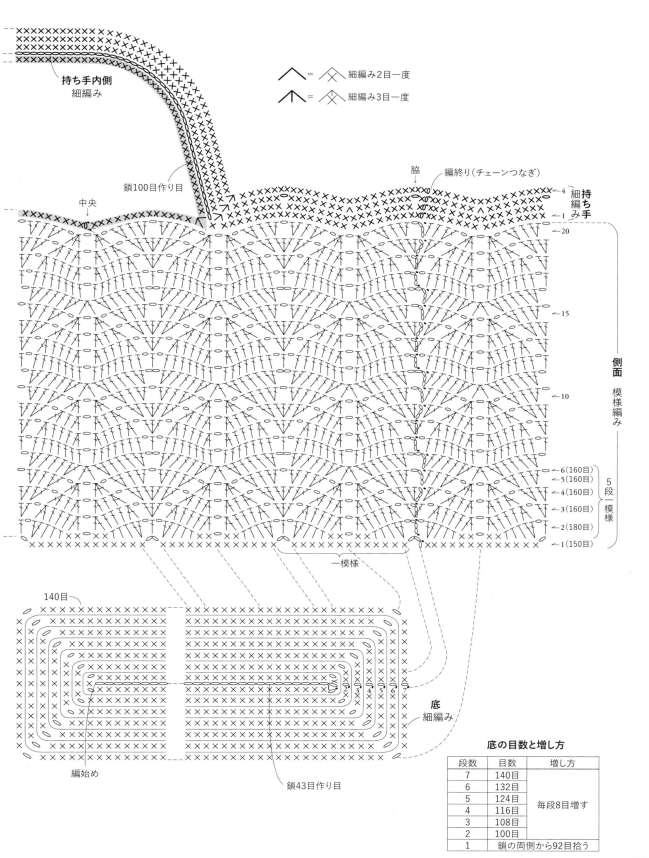

26 Photo p.28

リボンハンドルのバッグ

[糸] ハマナカ エコアンダリヤ（40g玉巻き）
　　　チェリー（37）130g
[針] 6/0号かぎ針
[その他] レザー底（丸型）黒（H204-596-2）1枚
[ゲージ] 模様編み　17.5目26段が10cm四方
[サイズ] 底直径16.5cm　深さ17cm

[編み方]
糸は1本どりで編みます。
底はレザー底から目を拾い（p.36参照）、細編みで編みます。続けて、側面を模様編みで増減なく編みます。持ち手（長）（短）を細編みで編み、側面に縫いつけます。

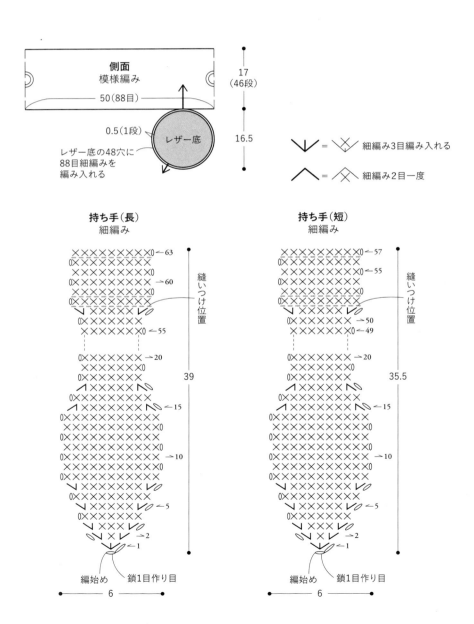

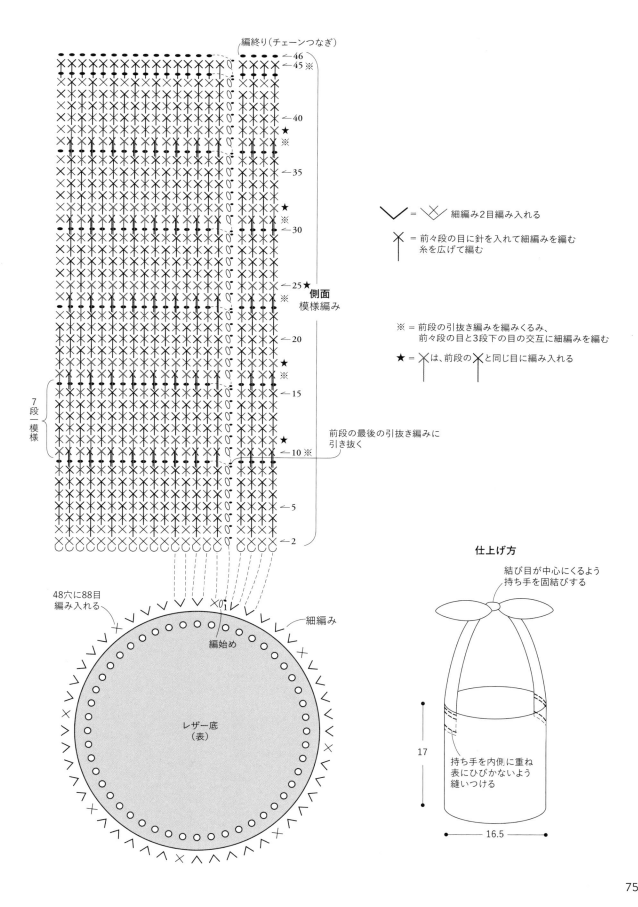

27 Photo p.29

ボタニカルモチーフのハンドバッグ

[糸] ハマナカ エコアンダリヤ（40g玉巻き）
　　パープル（903）96g
[針] 7/0号かぎ針
[その他] 編みつける持ち手　アンティーク（H207-024-4）1組み
[ゲージ] 細編み　16目18.5段が10cm四方
[サイズ] 幅25cm　深さ15cm　まち6cm

[編み方]
糸は1本どりで編みます。
側面は鎖17目作り目し、模様編みで増しながら輪に編みます。同じものを2枚編みます。まちは鎖87目を作り目し、細編みで往復に編みます。縁編みは、まちと側面をつなぎ、持ち手に編みつけ（p.36参照）ながら1周します。持ち手を編みくるみます。もう片側の縁編みも同様に編みます。

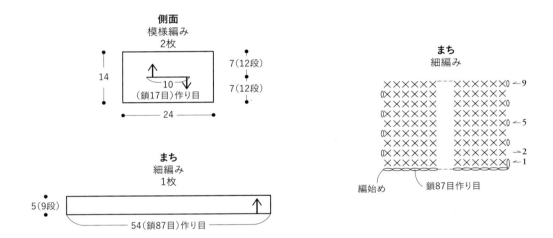

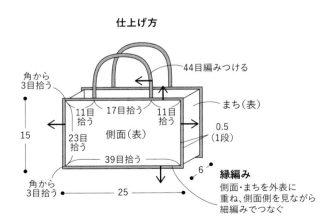

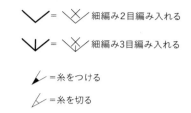

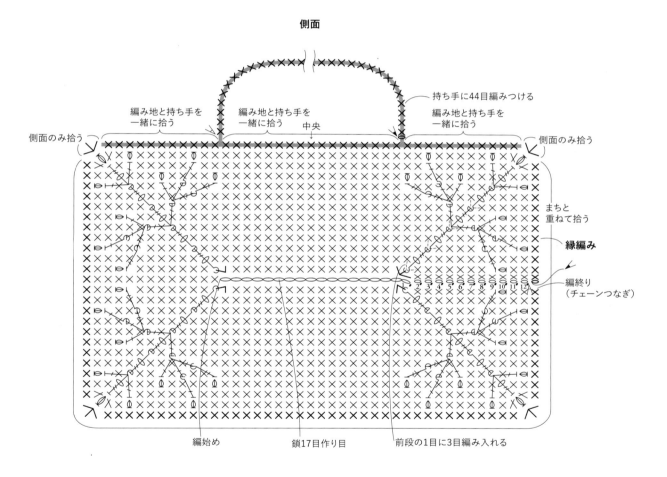

24 Photo p.25

ミックスカラーのモチーフショルダーバッグ

[糸] ハマナカ エコアンダリヤ《ミックスカラー》
　　（40g玉巻き）
　　グリーン系（261）93g
[針] 5/0号かぎ針
[ゲージ] モチーフ　8×8cm
[サイズ] 幅24cm　深さ18.5cm

[編み方]
糸は1本どりで編みます。
モチーフは輪の作り目をし、図のように編みます。モチーフを中表に合わせて細編みでつなぎます。底側に細編みを1段、入れ口に縁編みを4段輪に編みます。中表に合わせ、底を細編みでつなぎます。ショルダーひもを細編みで編み、指定の位置にとじつけます。

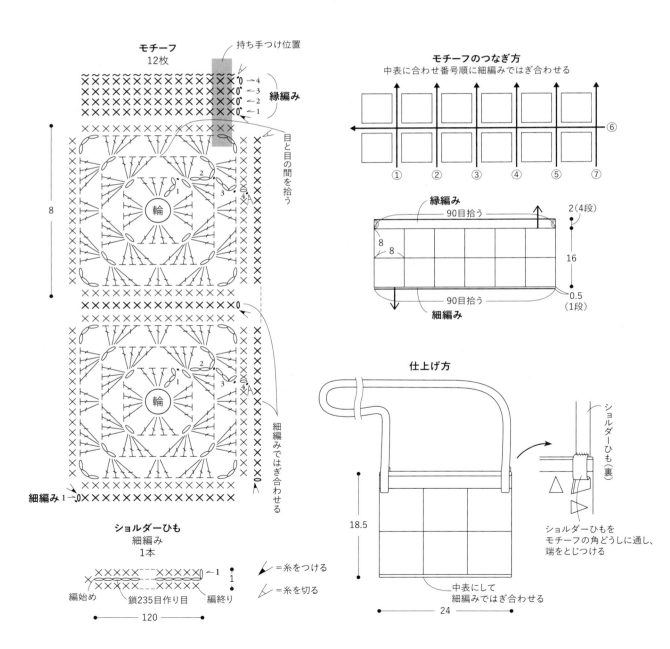

29　Photo p.31

デルタモチーフのがま口バッグ

［糸］ハマナカ エコアンダリヤ（40g玉巻き）
　　　ベージュ（23）38g、黒（30）32g
［針］5/0号かぎ針
［その他］編みつける口金　アンティーク（H207-023-4）1個
　　　　ショルダーストラップ（ベージュ・1cm幅、長さ120cm）1本
［ゲージ］模様編み　3模様が7cm、8段が8.5cm
［サイズ］底の幅12cm　深さ15.5cm　まち12cm

［編み方］
糸は1本どりで、指定の配色で編みます。
底は鎖20目を作り目し、細編みで往復に編み、続けて回りを細編みで1周します。側面に糸をつけ、模様編み（p.80参照）で増減なく輪に編みます。細編みで口金に編みつけます（p.36参照）。ショルダーストラップを口金につけます。

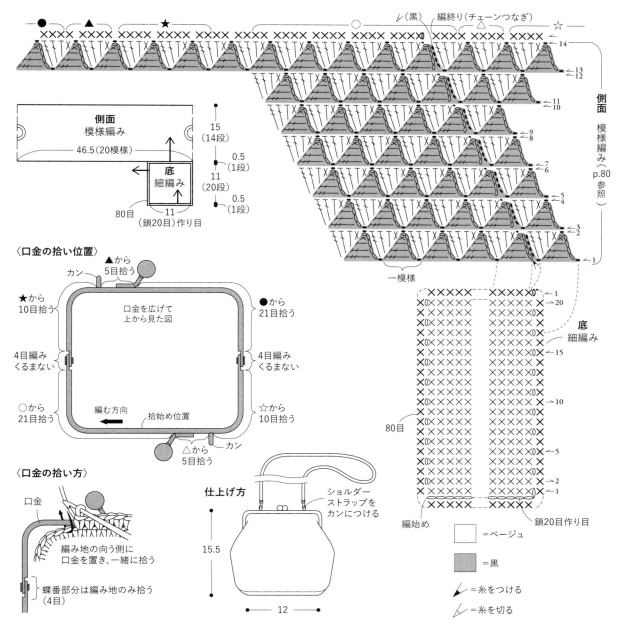

29 Photo p.30

デルタモチーフのマルシェバッグ

[糸] ハマナカ エコアンダリヤ（40g玉巻き）
　　　ベージュ（23）119g、黒（30）75g
[針] 5/0号かぎ針
[ゲージ] 模様編み　3模様が7cm、8段が8.5cm
[サイズ] 入れ口幅35cm　深さ23.5cm

[編み方]
糸は1本どりで、指定の配色で編みます。
底は輪の作り目をし、細編みで増しながら編みます。側面に糸をつけ、模様編みで増減なく輪に編みます。持ち手を細編みで2枚編み、上下を突き合わせ、両端を残して巻きかがりでとじます。側面にとじつけます。

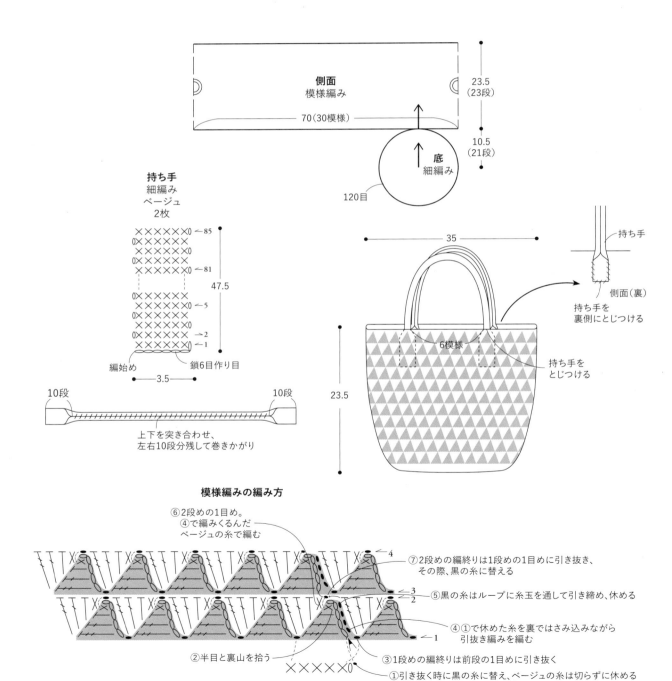

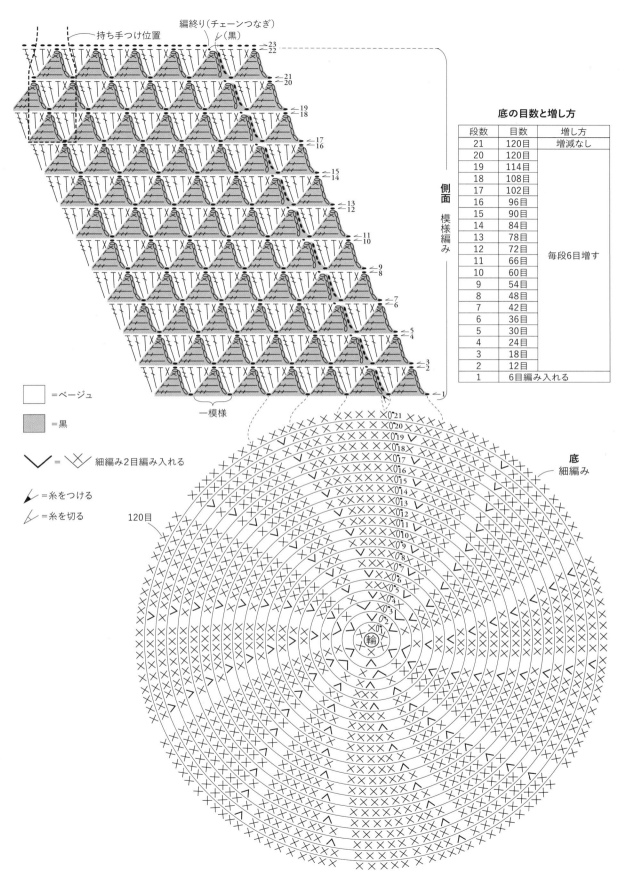

31.32

Photo p.32,33

2WAYハンドルのウェーブ柄バッグ

［糸］ハマナカ エコアンダリヤ（40g玉巻き）
　31 オリーブ（61）118g
　32 ナチュラル（42）34g、チェリー（37）、レトログリーン（68）各23g、コーヒーブラウン（16）、オレンジ（98）各22g
［針］5/0号かぎ針
［ゲージ］模様編み　22目14.5段が10cm四方
［サイズ］入れ口幅20cm　深さ21.5cm

［編み方］
糸は1本どりで32は指定の配色で編みます。
底は鎖16目を作り目し、細編みの筋編みで輪に編みます。側面を模様編みで編みます。ひもをえび編み（p.71参照）で編みます。ひもを指定の位置に通し、両端をとじつけます。

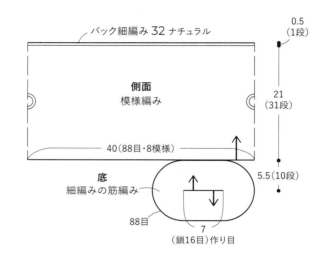

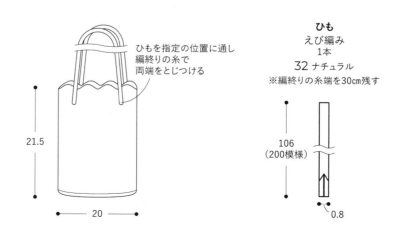

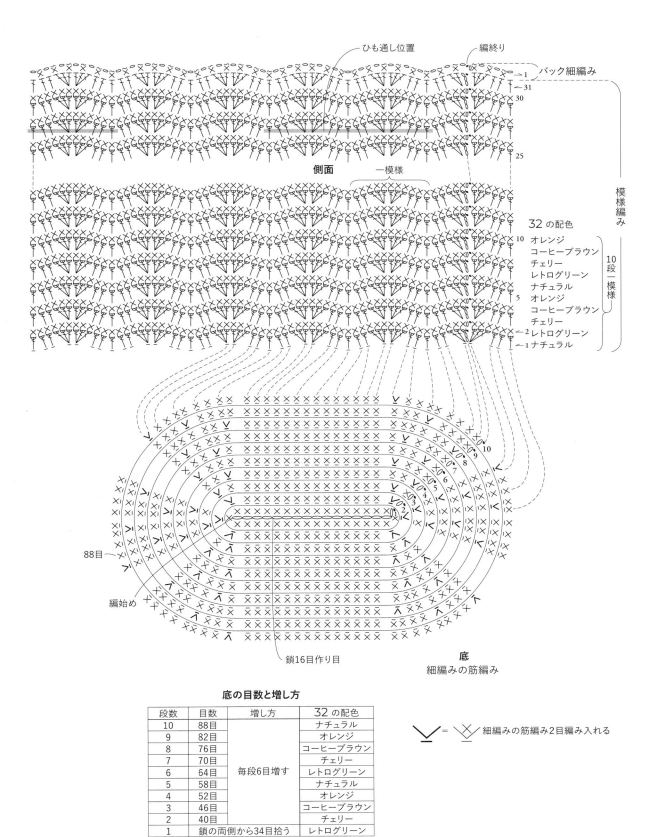

TECHNIQUE　かぎ針編みの基礎

作り目

鎖の作り目

1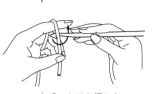
左手にかけた編み糸に針を内側から入れて糸をねじります

2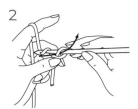
人さし指にかかっている糸を針にかけて引き出します

3
針に糸ををかけて引き出します

4
5
繰り返して必要目数編みます

鎖目からの拾い方

1
鎖状になっているほうを下に向け、鎖半目と裏山に針を入れます

作り目からの拾い目は鎖半目と裏山に針を入れます。作り目の反対側を拾うときは、残った鎖半目を拾います

2重の輪の作り目

1
指に2回巻きます

2
糸端を手前にして、輪の中から糸を引き出します

3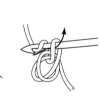
1目編みます。この目は立上りの目の数に入れます

4

5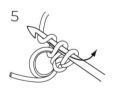
輪の中に針を入れて細編みを必要目数編みます

6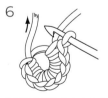
1段めを編み入れたら糸端を少し引っ張り小さくなったほうの輪を引いて、さらに糸端を引き、輪を引き締めます

7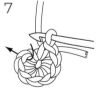
最後の引抜き編みは最初の目の頭2本に針を入れて糸をかけて引き抜きます

8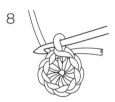
1段めが編めたところ

鎖編みの輪の作り目

1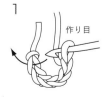
鎖編みを必要目数編み、1目めの鎖半目と裏山に針を入れます

2
3
針に糸をかけて引き出します（最後の引抜き編み）

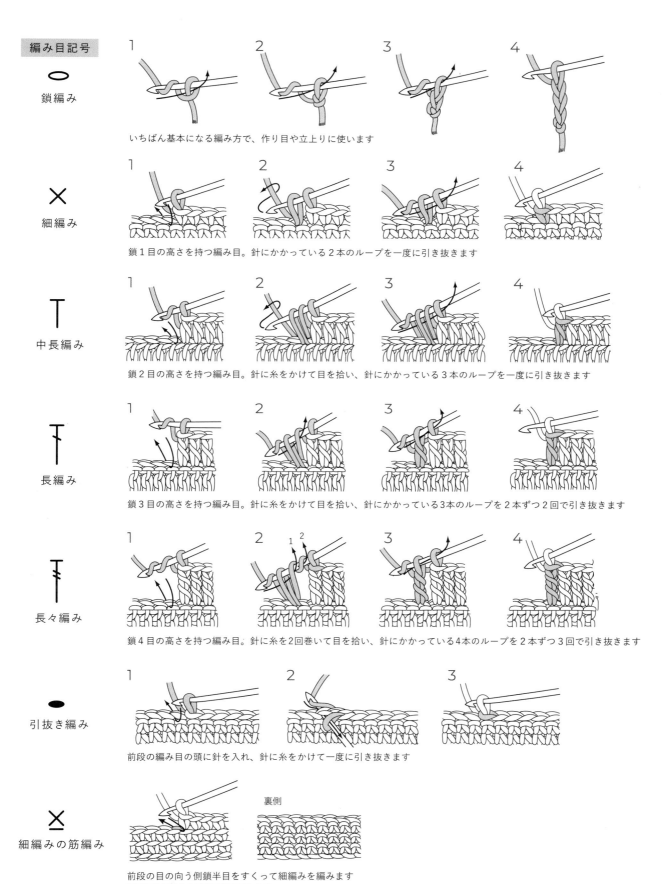

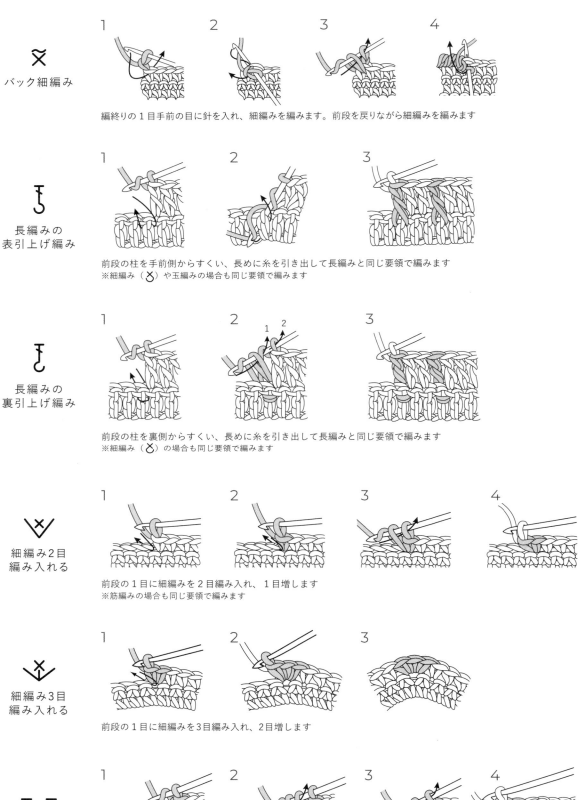

記号	名称	説明
	バック細編み	編終りの1目手前の目に針を入れ、細編みを編みます。前段を戻りながら細編みを編みます
	長編みの表引上げ編み	前段の柱を手前側からすくい、長めに糸を引き出して長編みと同じ要領で編みます ※細編み( )や玉編みの場合も同じ要領で編みます
	長編みの裏引上げ編み	前段の柱を裏側からすくい、長めに糸を引き出して長編みと同じ要領で編みます ※細編み( )の場合も同じ要領で編みます
	細編み2目編み入れる	前段の1目に細編みを2目編み入れ、1目増します ※筋編みの場合も同じ要領で編みます
	細編み3目編み入れる	前段の1目に細編みを3目編み入れ、2目増します
	長編み2目編み入れる	前段の1目に長編み2目を編み入れ、1目増します ※引上げ編みの場合や、目数が異なる場合も同じ要領で編みます

細編み2目一度

1　2　3　4

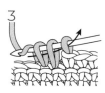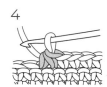

未完成の細編み2目を、針に糸をかけて一度に引き抜きます。1目減ります

長編み2目一度

1　2　3

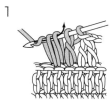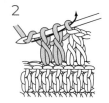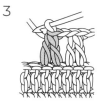

未完成の長編み2目を、針に糸をかけて一度に引き抜きます。1目減ります
※引上げ編みの場合や目数が異なる場合も同じ要領で編みます

長編みの変り交差

1　2　3　4

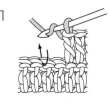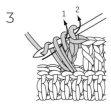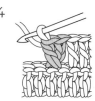

1目先の目に長編みを編みます。次の目は、針に糸をかけて長編みの前側を通って
矢印のように針を入れて長編みを編みます
※引上げ編みの場合も同じ要領で編みます

中長編み3目の玉編み

1　2　3　4

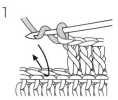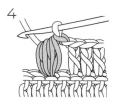

同じ目に入れた未完成の中長編み3目を一度に引き抜きます。

長編み3目の玉編み

1　2　3　4

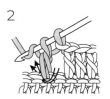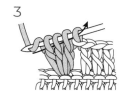

同じ目に入れた未完成の長編み3目を一度に引き抜きます。
※目数が異なる場合も同じ要領で編みます

とじ・はぎ

巻きかがり

全目　　半目

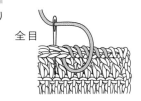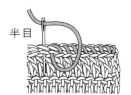

2枚の編み地を中表に合わせて、それぞれ最終段の頭の
糸を、全目の場合は2本、半目の場合は内側1本ずつに
針を入れてかがります

根もとがついている場合

前段の1目にすべての
目を編み入れます。

根もとがついていない場合

前段が鎖編みのとき、
鎖編みを全部すくって
編みます。
束にすくうといいます。

Designers

青木恵理子　Ami　今村曜子　金子祥子　川路ゆみこ
城戸珠美　佐藤文子　しずく堂　ナガイマサミ
Knitting.RayRay　橋本真由子　marshell　松田久美子
ミドリノクマ　Little Lion　ハマナカ企画

ブックデザイン	後藤美奈子
撮影	清水奈緒
	安田如水（p.34-37,39／文化出版局）
スタイリスト	鍵山奈美
ヘアメイク	宇津木明子
モデル	SENA　ジェニファー麻衣
DTP製作	文化フォトタイプ（p.41-83）
編み方解説	ミドリノクマ
校閲	向井雅子
編集	三角紗綾子（文化出版局）

エコアンダリヤで編む

毎日のバッグと帽子

文化出版局編

2025年2月23日　第1刷発行

発行者　清木孝悦
発行所　学校法人文化学園 文化出版局
　　　　〒151-8524 東京都渋谷区代々木3-22-1
　　　　TEL.03-3299-2487（編集）
　　　　TEL.03-3299-2540（営業）
印刷・製本所　株式会社文化カラー印刷

© 学校法人文化学園 文化出版局 2025　Printed in Japan

本書の写真、カット及び内容の無断転載を禁じます。
・本書のコピー、スキャン、デジタル化等の無断複製は著作権法上での例外を除き、禁じられています。
・本書を代行業者等の第三者に依頼してスキャンやデジタル化することは、たとえ個人や家庭内での利用でも著作権法違反になります。
・本書で紹介した作品の全部または一部を商品化、複製頒布、及びコンクールなどの応募作品として出品することは禁じられています。
・撮影状況や印刷により、作品の色は実物と多少異なる場合があります。ご了承ください。

文化出版局のホームページ
https://books.bunka.ac.jp/

［糸・副資材協力］
ハマナカ
hamanaka.co.jp

［撮影協力］
ヴェリテクール
TEL.092-753-7559
（p.11のTシャツとショーツ、p.18のデニム、p.22、29のワンピース、p.24のオーバーオール、p.27のデニム、p.30のワンピースとレースカラー、p.32のデニム）

エムアンドティープロダクト
mandt-product.net
（p.1左、16のウェアハウススーツ、p.1右、17のシャツドレス、p.27のスモックドレス／Yarmo）

KMDファーム
TEL.03-5458-1791
（p.6のスカート、p.14のブラウス、p.19のベストとスカート／Hériter）

ノンブルアンペール 吉祥寺パークストア
TEL.0422-26-8300
（p.6のニット、p.14のパンツ、p.20のベスト）

フィル デ フェール たまプラーザ店
TEL.045-904-3890
（p.4のコンビネゾン、p.18のTシャツ、p.24のタートル、p.32のTシャツとニット）

フォグリネンワーク
TEL.03-5432-5610
（p.8のワンピース、p.9のワンピース、p.12のサロペット）

AWABEES